电影中的素养成长课

姬文广 张卫东 编著

河南科学技术出版社
·郑州·

本书编委会

编著：姬文广　张卫东

编委：李　娜　张智慧　卓丽英　张柏林

图书在版编目（CIP）数据

电影中的素养成长课 / 姬文广，张卫东编著．-- 郑州：河南科学技术出版社，2022.4（2025.2重印）

ISBN 978-7-5725-0057-2

Ⅰ．①电… Ⅱ．①姬… ②张… Ⅲ．①中小学生－素质教育－研究 Ⅳ．①G631

中国版本图书馆CIP数据核字（2020）第130332号

出版发行：河南科学技术出版社

地址：郑州市郑东新区祥盛街27号

电话：（0371）65788885

网址：www.hnstp.cn

策划编辑：黄甜甜

责任编辑：杨艳霞　李平平

责任校对：张春龙

美术设计：张　伟

责任印制：朱　飞

印　　刷：三河市同力彩印有限公司

经　　销：全国新华书店

开　　本：720 mm×1 020 mm　1/16　　印张：8.5　　字数：124千字

版　　次：2022年4月第1版　　2025年2月第2次印刷

定　　价：39.80元

开卷有益

本书向同学们推荐了18部国产电影。俗话说，外行看热闹，内行看门道。相信同学们既爱看“热闹”，更爱看“门道”。本书可以使同学们在享受电影带来的身心愉悦的同时，窥见电影欣赏门径，成就核心素养提升。

本书主编：

姬文广，中小学正高级教师，河南省基础教育教学指导专委会委员，河南省首批基础教育专家，河南省学术技术带头人，河南省基础教育教研成果、科研成果、教学成果一等奖获得者，河南省社科成果特等奖获得者，国家级基础教育教学成果持有者，现任河南省郑州市教育局教学研究室主任。在《人民教育》等核心期刊发表论文多篇，出版《历史地理大发现》等著作。

张卫东，中小学正高级教师，河南省首批基础教育专家，河南省优秀教师，河南省学术技术带头人，河南省基础教育教学指导专委会委员，河南省基础教育教学成果一等奖获得者，现任郑州市二七区陇西小学校长。出版《义务教育资源均衡配置与有效运用》等著作。

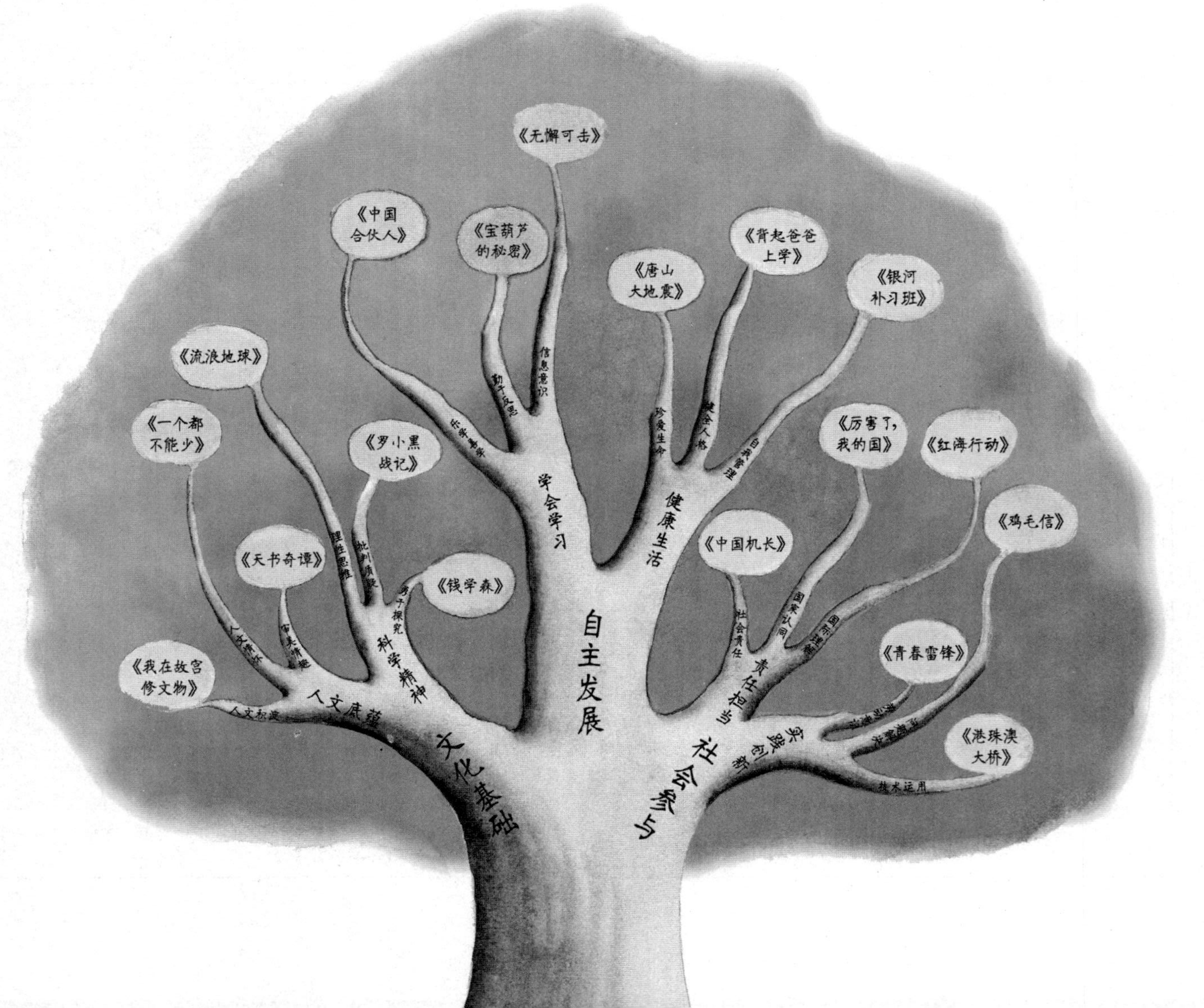

文化基础
自主发展
社会参与
人文底蕴
科学精神
学会学习
健康生活
责任担当
实践创新
人文积淀
人文情怀
审美情趣
理性思维
批判质疑
勇于探究
乐学善学
勤于反思
信息意识
珍爱生命
健全人格
自我管理
社会责任
国家认同
国际理解
技术运用
《我在故宫修文物》
《一个都不能少》
《天书奇谭》
《流浪地球》
《罗小黑战记》
《钱学森》
《中国合伙人》
《宝葫芦的秘密》
《无懈可击》
《唐山大地震》
《背起爸爸上学》
《银河补习班》
《中国机长》
《厉害了，我的国》
《红海行动》
《鸡毛信》
《青春雷锋》
《港珠澳大桥》

代序

当电影教育遇上核心素养

姬文广

教育是什么，首先要回到原点去追问。

在生命的世界里，一粒种子的萌发和生长态势，需要土壤、阳光和雨露。如果种子遇到了与之相适应的土壤、阳光和雨露，种子就会萌发并生长得茁壮而峻茂，反之则不然。在精神的世界里，来到这个世上的每一个孩子，都是一粒种子。我们都希望他生长得舒展而有力量，都希望他能遇到与之相适应的土壤、阳光和雨露。那么，孩子成长的精神世界里，土壤、阳光和雨露是什么？

在孕期里，母亲与婴儿的身体是完全连接为一体的，他们有着高度相通的生命密码——大致包括生理基因密码和精神文化密码。婴儿的诞生，意味着生理基因密码的交接已然完成。婴儿出生以来，在后天的成长中，伴随着生理的发育，精神文化的成长密码作用发挥得会越来越明显，影响着甚至决定着人生的道路、选择和命运。那么，精神文化的成长密码是什么？

中国教育的现代化始终与中国改革开放相伴随行。四十年来，基础教育课程改革不断深化。实践表明，改革开放以来中国教育的改革发展史，就是一部教育现代化的探索史、奋斗史。其中，在中国基础教育课程改革发展之路上，课程目标明确经历了从关注“双基”（基础知识，基本技能）到落实“三维目标”（知识与技能，过程与方法，情感、态度与价值观），进而到培育“核心素养”（学生发展核心素养）上来。

2014年教育部研制印发了《关于全面深化课程改革落实立德树人根本任务的意见》，提出“教育部将组织研究提出各学段学生发展核心素养体系，明确学生应具备的适应终身发展和社会发展需要的必备品格和关键能力”。

核心素养课题组历时三年集中攻关，并经教育部基础教育课程教材专家工作委员会审议，最终形成研究成果。2016年9月13日，中国学生发展核心素养研究成果发布会在北京师范大学举行。中国学生发展核心素养以培养“全面发展的人”为核心，分为文化基础、自主发展、社会参与三个方面，综合表现为人文底蕴、科学精神、学会学习、健康生活、责任担当、实践创新等六大素养，具体细化为国家认同等18个基本要点，并对其主要表现进行了描述。各素养之间相互联系、互相补充、相互促进，在不同情境中整体发挥作用。

根据这一总体框架，在立德树人这一总目标的前提下，基础教育课程改革的方向将具体指向培育学生发展核心素养。

学生发展核心素养，主要指学生应具备的，能够适应终身发展和社会发展需要的必备品格和关键能力，是学生在复杂的情境中、在富有挑战性的任务中所表现出的解决问题的能力和品质。

好的教育，不只是给孩子世界观，还要带他观世界！

好的教育，不只是给孩子教知识，更应该帮助他生长出素养来，成长为更好的自己。

素养，才是生命的幸福密码！

素养从哪里来？

素养从家庭教育中来，因为家庭是教育的原点！

素养从学校教育中来，因为学校是教育的支点！

素养从社会实践中来，因为社会是教育的大本营！

素养从图书馆里来，因为有人说“如果有天堂，天堂就是图书馆的模样”；

有人说图书馆代表一个城市的精神高度和思想温度。

素养从旅行中来，因为孩子经历的每一次旅行，都可以成为人与自然对话、与社会对话、与历史对话、与未来对话，归根结底，是与自己的对话。

诺贝尔文学奖获得者黑塞说："获得真正的教养可以走不同的路。"看经典电影就是一条重要而受欢迎的通向素养的路。因为，电影会带着我们去旅行，去阅读，去到别人的故事里遇见未知的自己。

苏霍姆林斯基说："儿童是用色彩、形象、声音来思维的。"电影正包含了这些元素。

爱因斯坦说："电影作为一种对人类精神幼年时期的教育方法，是无与伦比的。因为电影可以使思想剧情化，这比用任何其他的方式更容易为儿童所接受和理解。"

电影，作为社会艺术化的一个缩影，通过"光与影的艺术"，可以实现思想的剧情化，具有生动、形象、感染力强等显著特点；可以打破时间和空间的束缚，具有内容体裁的广袤性和深远性，会带给我们思想、经验、象征、梦想等精神财富，从而可以潜移默化地影响孩子看世界的角度、深度和广度。

每一部好电影都是散落的珍珠，积累，积累，沉淀，沉淀，往往可以穿成一串珍珠。在这串珍珠里，会慢慢酝酿、发酵出一些东西来，比如善良、爱、责任、使命、智慧、勇气、承诺、合作、友谊等，潜移默化地影响着、形成着思想、价值观。

2015 年 1 月，中共中央办公厅、国务院办公厅印发《关于加快构建现代公共文化服务体系的意见》，明确提出要开展向中小学生推荐优秀影片等工作，将为中小学生提供爱国主义教育影片纳入公共文化基本服务项目。2017 年 3 月 1 日施行的《中华人民共和国电影产业促进法》第二十八条明确提出，国务院教育、电影主管部门可以共同推荐有利于未成年人健康成长的电影。国家鼓励电影院以及从事电影流动放映活动的企业、个人采取多种措施，为未成年人等观看电影提供便利。从 2015 年开始至 2021 年，教育部先后与原国家新闻出版广电总局、中共中央宣传部主办了四届“全国中小学生电影周”活动。

国务院办公厅《关于全面加强和改进学校美育工作的意见》和教育部《关于加强和改进普通高中学生综合素质评价的意见》《中小学德育工作指南》等近年来先后印发的政策文件，对开展好影视教育提出了明确要求。2018 年 12 月，教育部、中共中央宣传部联合发布了《关于加强中小学影视教育的指导意见》。政策文件指出，长期以来，优秀的经典影片影响和感染了一代又一代人，激励着一代又一代的青少年追求真善美。开展中小学影视教育工作，引导孩子多看电影、看好电影，对提高人文底蕴和综合素质，培养良好的审美观念和鉴赏能力，促进心理品质和行为习惯，形成正确的世界观、人生观、价值观，丰富育人手段和方式，深化基础教育课程教学改革，都具有重要意义。

好电影是时代的精神密码，好电影是思维连接的媒介，电影的力量，在孩子生命成长中的教育价值，正在被不断开挖。

基于此，如何为少年儿童提供系统的观影推荐？如何在观影中自然生发出交流沟通的主题？如何让孩子从电影世界走入素养世界？这些问题成为一个有趣、有益的新课题。

因为爱，所以同道共谋！

一群教育实践的同行者——教师、校长、基础教育教研员、社会科学研究员，融合了长期从事学校实践、教育研究、社科研究的三方视角和专业力量。

站在高山之上，集百家之长——参阅了系列文献，其中包括《电影课——中外经典电影欣赏十二讲》（金晓非主编，河北大学出版社出版）、《影响孩子一生的周末电影院》（李一慢著，浙江大学出版社出版）等，学习吸纳了学术前辈的思想结晶。

以核心素养为纲，寻找生命密码——紧紧围绕中国学生发展核心素养的框架和内涵，以“全面发展的人”为核心，以 18 个素养基本要点为纲目，通过电影主题与之匹配，打通从电影世界走向素养世界的路径。当然，各素养基本要点都不是孤立存在的，而是互相联系、互相补充、互相促进的，在不同情境中整体发挥作用；同一部电影往往也不是只对应一个素养要点，而是关联着多个素养要点。为了使素养要点与电影更匹配，在表现形式上，我们从一部电影可以引发出来的多个主题中，选择了最为显著的一个（或一组），匹配到与之最为契合的一个素养要点上来，从而形成了一张素养培育之网——从“全面发展的人”一个核心，分解为“文化基础、自主发展、社会参与”3 个方面，再分解为“人文底蕴、科学精神、学会学习、健康生活、责任担当、实践创新”六大素养，继分解为 18 个基本要点，进而匹配出 18 节电影课，从电影课的视角构建出一个较为完整而有趣的素养培育之路径。

或许这是一个充满淬炼、带有诗意、富于意义的求索过程。在这条求索的道路上，我们也刚刚起步，还需要同行争鸣、审辩。作为一线教学践行者和研究者，我们知道，在理论和视野上，我们必然有着许多局限，请多多指教！而我们的作品，就像“山有小口，仿佛若有光”的那一口微弱的光，静静地就在那里，存在的价值在于告诉有缘探寻到这里的“渔人”，这里，有一处通道，继续前行，或许，可以通向“豁然开朗”。借此，激励自己，并“嘤其鸣矣，求其友声”！

前言

洞见来自同情 感受就是知识

卓丽英

如果说，洞见是透过无数繁杂的信息来寻觅事物的本质和“珠玉”的，那么最真切的洞见应该是一种源自共同经历而产生的同样的情感，即同情；如果说，感受是由客观外界事物的影响而产生的一种心理活动，并由此产生一定的认识和理解因素，那么感受也是一种知识。我们用洞见和感受来陈述电影对一个生命的影响和滋养，其实是用一种生命的成长体验来讲述一种知识的感受和提升的过程。

1989 年，一个 14 岁的少年在《独行客》这部电影里结识了“杨独行”，在一个信息资源相对匮乏的年代，这部电影让这个少年透过电影萌发了思考，即独行客是如何凭一己之力在纷扰繁杂的“江湖”之中敏锐地收集、提炼信息，继而推理出事实的真相的？一个青葱时代的生命开始追问真正主宰“江湖”的到底是什么？是霸权、财富还是思维的力量？这部电影激发出一个少年的思考，这份思考让他在以后的人生岁月里习惯了从思维中寻找力量和方法。

同一年，还上映了《死亡诗社》，这部电影让一个 20 岁出头刚刚走上讲台的青年教师，记住了“我站在讲台上是想提醒我自己，我们必须时刻用不同的眼光来看待事物”。从此，做一名有思想、有追求，对每一个学生都怀揣希望，敢于突破自己的教育人的信念在他的心中埋下种子。

1990 年，一个五岁的小姑娘，坐在一个灰暗的大厅里和许多人一起盯着屏幕唏嘘流泪……多年过去，那个情景始终存在她的记忆里，这也是她回忆童年时关于电影的第一份记忆，她记得自己的哭泣和心痛，记得坐在旁边有一位穿着军装的叔叔也哭了，还递给她一个小手绢。父母之爱、舐犊情深演绎在生活中的每一天，反映在电影里却让人泪流满面。《妈妈再爱我一次》这部电影使人们对母爱产生了共鸣。

1998年，有一个18岁的青年，踌躇在求学与工作的矛盾之中，被哥哥带去观看《心灵捕手》，在这部电影里，他找到了一位人生导师，感悟出了生存的真正意义。多年后，他习惯于在电影里寻找生命的出口。

2018年，她是一名小学校长，她组织一群10岁左右的孩子一起观看《厉害了，我的国》。本以为10岁的孩子不会太喜欢看这一类的电影，她提前设计了好几个趣味观影游戏，但那是她数十年的教育生涯中，最安静、最专注又最热血的一次集体活动，近90分钟的观影时间，没有语言、没有活动设计、没有课间休息，有的是挺直的脊梁、自豪的眼神、握紧的拳头和会意的掌声。

上述的这些人就是我们，我们因为对中国学生发展核心素养的思索走到了一起。我们在教育的世界里深耕多年，感叹教育的伟大与朴素，也忧思一个生命从空白或贫瘠走向“全面的人”这中间的路径有多少，道路有多长？苏联教育家苏霍姆林斯基说，教师的职业就是要研究人，长期不断地深入人的复杂的精神世界。人的精神世界的复杂性和立体性，让从事教育的人处于持续地学习和研讨当中，在这个过程中，我们发现优秀影片具有生动、形象、感染力强等显著特点，蕴含着丰富的思想、艺术和文化价值。在新课程改革的引领下，我们尝试性地开设了电影课程，着力在坚定理想信念、厚植爱国主义情怀、加强品德修养、增长知识见识、培养奋斗精神、增强综合素质上下功夫，让电影课程成为落实立德树人根本任务的途径之一。电影课程的精妙在于可以打破时间和空间的局限，帮助学生发现更大、体验性更强的世界，尝试更多的可能。爱因斯坦曾说：“电影作为一种对人类精神幼年时期的教育方法，是无与伦比的。因为电影可以使思想剧情化，这比用任何其他的方式更容易为儿童所接受和理解。”

引导青少年去看好的电影，就是将很多历史上的思想光芒，悄无声息地镌刻在孩子们心中。虽然，我们这代人成长在一个电影并不如当下丰富的时代，但是也恰恰因此，电影曾在历史上表达着“全村或全公社集合”的“美好指令”，表达着一种比较体面而又浪漫的人际交往，表达着某一年或某个时代一个群体性的话题和价值标杆。电影用自身艺术和传播特点丰盈起那个相对单纯的时代，留下几代人的共同记忆。这何尝不是对教育的一种“补位”？

教育源于生活，最终要让每个人回归生活，学会生活。电影艺术与教育本质像极了一对彼此成就的故友。教育本身是一个抽象名词，它是一系列具有教育意义的活动的总和，这一系列的活动如果只是拘泥于学校活动，显然达不到学会生活的目的。但是，如果把孩子放到生活中去感受生活从而学会生活，显然又失去了教育本身的意义。而电影来源于生活，又高于生活。借助电影，我们就能最大程度地让孩子感受生活，得到教育，最终回归生活，学会生活。

生活、世界和人性都具有“无限大”的特点。教育也好，生命也好，本身都具备时间和空间的局限。教育的存在就是因为我们无法放任一个生命去经历时时事事的“体验式”成长，我们要让生命在培养目标的引领下，逐渐趋于生动美好，培养健全的人格和有趣的灵魂，培育家国情怀和诗意人生，构建思维缜密的头脑和“赏心悦目”的体格。

我们相信洞见来自同情，感受就是知识。所以，我们借助人类智慧的结晶，我们在电影中寻觅探索，去体验和反刍电影带给我们的塑造和指引。我们深知围绕中国学生发展核心素养构建的电影课程，将会触碰到教育的一角，如同冰山的一角，我们的语言所能表达的只是事物本身意义的一小部分，但足矣。因为，当我们的目光能够聚在同一个方向，一种心意相通的“洞见”，便会因相同的情感、情境、情理等得以升华和开拓；我们要带着我们的孩子去“感受”，感受这个世界的生动与美好，感受电影对这个世界的理性和纯粹的演绎。这份感受最终会形成记忆、会塑造品格、会生成知识。

目录

第一章 文化基础

文化是人存在的根和魂。文化基础，重在强调能习得人文、科学等各领域的知识和技能，掌握和运用人类优秀智慧成果，涵养内在精神，追求真善美的统一，发展成为有宽厚文化基础、有更高精神追求的人。

1. 人文底蕴

主要是学生在学习、理解、运用人文领域知识和技能等方面所形成的基本能力、情感态度和价值取向。具体包括人文积淀、人文情怀和审美情趣等基本要点。

2. 科学精神

主要是学生在学习、理解、运用科学知识和技能等方面所形成的价值标准、思维方式和行为表现。具体包括理性思维、批判质疑、勇于探究等基本要点。

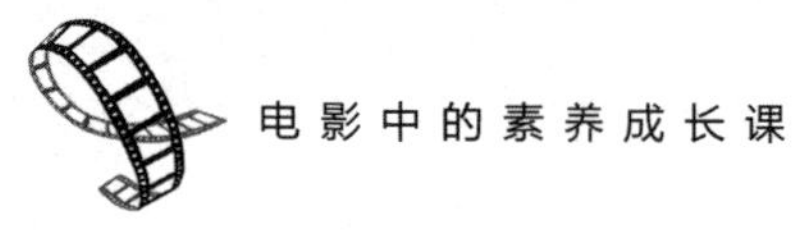

人文底蕴　人文积淀

《我在故宫修文物》

（执笔人：张媛媛）

电影主题

古老的故宫深处，有一群用数十年的专注掌握了稀世珍宝复活之术的人，他们是文物修复师。《我在故宫修文物》这部影片重点记录故宫书画、青铜器、宫廷钟表、木器、陶瓷、漆器等领域的稀世珍奇文物的修复过程和文物修复师的生活故事。片中完整呈现世界顶级的中国文物修复过程和技术，展现文物的原始状态和收藏状态，近距离展现文物修复专家守望文物的内心世界和在故宫里的日常生活。

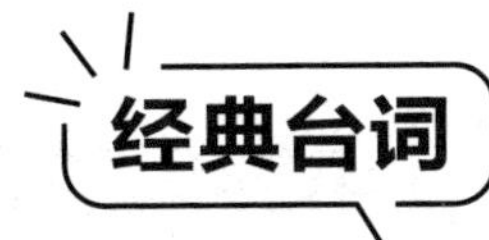

- 干我们这一行，必须得坐得住。
- 其实文物看起来就是一些死东西放那里，等你真的接触它的时候你会发现，啊，非常精彩，非常美，而且有一种精神的东西在里面，所以你觉得它是活的。
- 你看漫画里的主角，都是为了保护某样东西才燃起来的，对吧。咱们这个事也一样。
- 故宫的这些东西都是有生命的。人在制物的过程中总是要把自己想办法融到里头去，这样的物自然就承载了人的意识，承载了人的审美，承载了人的认识。
- 文物其实跟人是一样的，但是问题还是，跟人的境界有关系，我们这个世界，你看世界的方式是以人的角度来认识。这就是人和事物的关系。

相关素养

人文积淀：具有古今中外人文领域基本知识和成果的积累；能理解和掌握人文思想中所蕴含的认识方法和实践方法等。

电影里的素养解读

1. 一匠人，一匠心。择一事，事一生

匠人

经历历史沧桑的古老大门被缓慢地推开，这一扇门的背后有着千年的历史，有着一场几千年的梦，有着说不清的故事。虽说时过境迁，但历史的痕迹得以在这里保留。一代代文物修复师们用他们自己的生命，守望并传承着历史的延续。

现在，一部从文物修复角度描述故宫生活的纪录片——《我在故宫修文物》呈现在我们面前。

故宫里有这样一群默默无闻的匠人——文物修复师。他们修复文物，使传统宝物重新焕发容光，他们守护着上千年的文化历史。这些默默无闻的工作者的工作隐含了很大的技术含量。以修复钟表为例：第一步先做记录，照相拍下原始情况；第二步除尘；第三步拆解；第四步清洗，清洗当中看看是否有需要修的，需要补的；第五步，修补；然后是组装，一步步调试，恢复它的部分机能，最后是整体组装。

修复师们面对的是一个自己选择的世界，一种自己选择的生活。修复文物是穿越古今和百年前人物对话的一种特殊职业，他们好像沧海遗珠般被人遗忘在故宫的一个角落里，但这并不会妨碍他们的“匠人精神”，凭着对工艺的执着和几近苛刻的标准他们一代又一代传承着这股力量。正如故宫钟表修复师王津所说：纵然时代怎么日新月异，只做好我们自己分内的工作，这才是我们时代所需要的精神。

技艺容不得欺骗，技艺里也没有捷径。古字画修复揭命纸有时靠指搓，一幅画揭一两个月，过程枯燥，只能拼耐心；临摹一幅画的周期是一年起，一个临摹师一辈子临摹不了几张很成功的作品……

匠心

《我在故宫修文物》里修复珍贵文物的匠人，与其说是修复，不如说他们是用匠心在重新创造。他们将自己的审美与精确的度量结合，赋予数以万计的文物一次又一次重生的机会，让这些古老尘封的文物一次又一次宛若新生，出现在人们面前。

让古籍复活，让文化延续，从来不是说一说那样简单。以一本破损图书为例，若想重归完整，至少要经过揭、拆、压、包、订等过程，才有可能使磨损的书页补齐、使老化的页面牢固、使虫蛀的漏洞复原。这是技术活，没有耐心、热情，没有定力、敬畏，是无法完成的。修复是工作，清苦寂寞；也是技艺，充满挑战；更是文化，需要传承，需要匠心。

2. 对“人文积淀”素养的促进

人文积淀广泛存在于文化经典中。文化经典历经数百年，是一个民族的文化之根，是人类社会人文积淀的集中体现，更是社会文明的浓缩和精华。我国有着几千年的厚重历史，思想之精华都蕴含在文化经典之中，等待我们去挖掘、体验、学习和传承。

守望历史留下的痕迹

北京故宫，旧称紫禁城，位于北京中轴线的中心，是明清两个朝代的皇宫，是中国现存规模最大、保存最为完整的古建筑群。故宫的一些宫殿中收藏有大量古代艺术珍品，约占中国文物总数的六分之一，是中国收藏文物最丰富的博物馆，也是世界著名的古代文化艺术博物馆，其中很多文物是绝无仅有的无价国宝。

《我在故宫修文物》是一部难得一见的纪录片。一匠人，一匠心，一墙锁千年的故宫光阴。影片用一种年轻的视角望进古老故宫深处，探索“文物复活术”和“文物医生”的故事。

修复文物的过程，并不是简单地修复，还有与文物之间的磨合，交流。而研究修复文物的本身也是对历史的进一步认识，需要了解当时创造这件文物的人处在什么样的环境，怀着什么样的心情，是什么想法创意，打算将它用于何处。文物本身便是承载，是历史的呈现，而他们——文物修复师，是站在时间轨道上，与历史进行对话，又是守望历史的人。

在修复文物的过程中，文物在接受打磨、洗礼后，焕然新生。同样，文物修复师以自身观物，又以物来观自身，修复了精美的历史文物，而对应的，文物也改变了他们的认知。这也许就是历史在他们身上留下的价值吧。

无论是古老的文化还是创新，都需要站稳脚跟的定力，从每一本书开始、从每一个人开始、从每一天开始，才能构筑起强大的文化自信。而手工艺是时间的艺术，修复师的世界安静而诚实，双手与心的创造，流露出的不只是高超技巧，还有手的温度，心的高洁。真心诚意才能做出正确工艺，格物致知深入物的本质，当匠人的本真与物的本质相遇，物我两忘，日复一日，修缮文物，擦亮器具的过程中，他们自己的面貌气质也发生改变，仿佛有什么在他们身体内部也被日复一日地擦亮。他们沉人工匠无名无我的广阔的时空中，变得沉静，变得渺小，但以另一种方式接近永恒。

传承中华文化经典

文物作为稀世珍宝，凝聚千百年的时光，承载着太多触动人心的情怀。而文物修复师的手艺也就传承了几千年。

他们的传承，是传承祖辈的手艺，是传承上一辈人留下的一种“味儿”。当每一件文物经过反复上色、打磨、修复，还原至当年的风采，这一过程就如人的一生，复杂且漫长。

匠人们用自己的心血传承着文物的生命。

每一种文明都延续着一个国家和民族的精神血脉，需要薪火相传、代代守护，需要是“匠心”精神。通过本片，可以看到文物修复工作平实甚至枯燥，但需要静心、细心、耐心，长时间修炼的技艺和艺术审美水平。在脆弱而又珍贵的文物

面前，需要的是一颗能与历史产生心灵交流的宁静的心。

观影前可以做的活动

- 和爸爸妈妈一起进行一趟博物馆探索之旅。
- 画一画自己印象最深刻的一件文物，向大家介绍并说一说印象深刻的原因。
- 你对哪件文物最感兴趣？和小伙伴组队一起去挖掘文物背后的历史故事。

观影后可以做的活动

- 看一看同类型电视节目《国家宝藏》。
- 电影中的哪件文物你想亲眼去看看？为什么？出发前，请先收集与之相关的资料。
- 你今后的出行计划或学习计划中是否会增加人文历史类的内容？你的下一个计划是去哪里？你想了解什么？
- 看到影片中修复员几十年不厌其烦地做一件事，你有什么感受？
- 放在橱窗里的文物看上去是没有温度的，但是当你了解到它的背后有一段精彩的历史，而且有一群人在努力地修复它，重现它的美，你体会到了什么？

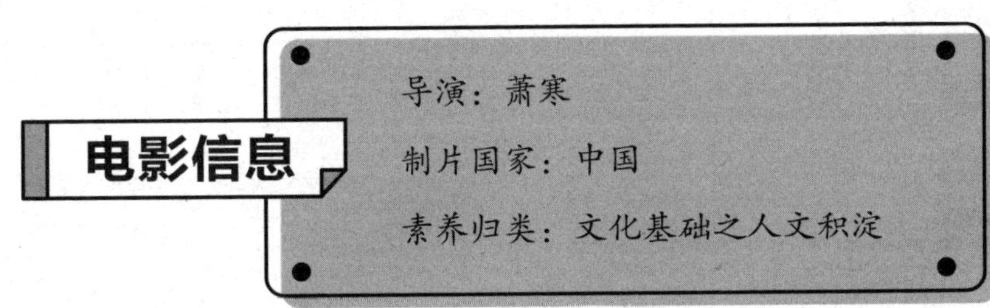

电影信息

导演：萧寒

制片国家：中国

素养归类：文化基础之人文积淀

观影笔记

人文底蕴 人文情怀

《一个都不能少》

（执笔人：高 杰）

电影主题

《一个都不能少》这部影片主要讲述了一个13岁代课小姑娘，为了完成老师的交代：学生一个都不能少，最终历经艰苦将退学的孩子找回来的故事，感动了更多的人关注农村教育。

经典台词

- 26天，我一天给你一根粉笔，一根粉笔抄一课书，抄在黑板上，听清楚没？一个字不要写特小的，写特小孩子看不清楚，影响他眼睛，也不要特大了，因为特大了浪费粉笔，你这一根粉笔可就不够了。
- 魏敏芝，回去要好好看学生，我这班学生已经溜了十几个了，再也不能少了，听见没有？村长答应给你50块钱，是吧？村长也会给，你只要把学生看住看好，等我回来，一个不少，我再给你奖十块。
- 张慧科，你跑到哪里去了，我都找你三天了，你都快把我急死了，你怎么还不回来啊，张慧科，你快点回来。

相关素养

人文情怀：具有以人为本的意识，尊重、维护人的尊严和价值；能关切人的生存、发展和幸福等。

电影里的素养解读

1. 教育的质朴无华，执着与认真

影片中，水泉小学的高老师要回家看望病重的母亲，村长从邻村找来魏敏芝

代一个月课。水泉小学原先有三四十个学生，每个新学期都有学生因为家庭贫困而流失。高老师临走时再三叮嘱魏敏芝，一定要把学生看住，一个都不能少。十岁的张慧科因家里无力偿还欠债，不得不失学到城里打工。魏敏芝决心把张慧科找回来，单身一人踏上了进城之路。开始在火车站找人，广播6遍，仍无音讯。她果断用身上所有的钱买来墨水、纸和笔，熬夜写了寻人启事，最终她在电视台门口蹲守一天半，感动了台长。在台长的帮助下，魏敏芝找回了张慧科。

只为高老师的一句话“一定要把娃看住，一个都不能少”，魏敏芝表现出了惊人的执着和认真。“责任”——这个教师身上最可贵的精神在她身上得到了最完美的体现。

2. 对“人文情怀”素养的促进

人文指人类社会的各种文化现象。文化是人类或者一个民族、一个人群共同具有的符号、价值观及其规范。

人文情怀是一种普遍的人类自我关怀，表现为对人的尊严、价值、命运的维护、追求和关切，对人类遗留下来的各种精神文化现象的高度珍视，对一种全面发展的理想人格的肯定和塑造。人文情怀需要具有以人为本的意识，尊重、维护人的尊严和价值；能关切人的生存、发展和幸福等。学会尊重、关心别人，看到每个个体存在的意义和价值，才能站在别人的角度思考问题。

真实的底色，永远的感动

随着和学生的朝夕相处，魏敏芝与孩子们的感情日益剧增，对高老师的“交代”已经转化成了一种责任，她只身一人去了城市，经历千辛万苦，终于找回自己的学生。

最让人印象深刻、最为感动的是，魏敏芝到电视台寻求帮忙，却不能进到里面，便在外面等，从白天到第二天的清晨，魏敏芝只能靠在电视台的大门边上。一个摇镜头，从她的脸到她手边随风飘起的寻人启事，让人有一种说不出的感动和心酸。

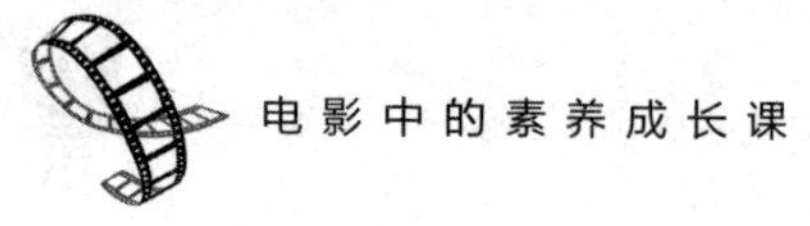

不管有多么困难，魏敏芝心系学生的信念从未动摇。

教育的坚守者

高老师是水泉小学一位鞠躬尽瘁、满心热挚的老师。在数月没有发工资的情况下也对二十多个学生不离不弃；面对老母亲病危在床，不得不赶回家探望的情况下，仍然担心学生的学习。高老师工作态度之认真，对学生就学的坚持，体现出教育工作者对教育的坚守。

观影前可以做的活动

- 给你印象最深刻的老师写一封信。
- 踏入社会，靠自己赚取生活费用（可以做手工或写书法等），体会美好生活的来之不易。
- 搜集资料：哪些人为我国脱贫事业奉献了自己的一生？

观影后可以做的活动

- 读一读电影原著：施祥生的小说《天上有个太阳》。
- 如果你是这所学校的学生，你有什么样的感受？
- 设想一下：长大后的张慧科会是一个什么样的人？
- 影片里的老师教给学生的除了知识，还有什么？

电影信息

导演：张艺谋

制片国家：中国

素养归类：文化基础之人文情怀

观影笔记

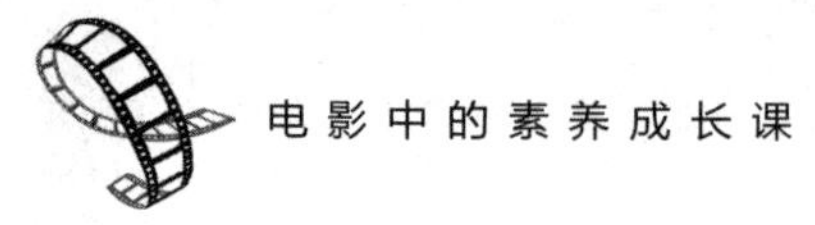

人文底蕴 审美情趣

《天书奇谭》

（执笔人：王淑雯 王筱婧）

电影主题

电影《天书奇谭》如一卷水墨画轴缓缓展开，想要造福人类的袁公将天庭的珍奇书籍“天书”刻在凡间石壁上，此举触犯天条，玉帝罚他终身看守石壁天书。一天，袁公踏云巡山，得到一个天鹅蛋，他用法术将蛋化为人形，取名蛋生。袁公嘱咐蛋生运用天书为民造福。三只狐狸精却恨蛋生妨碍其作恶，要阴谋窃取天书，勾结官府，祸害百姓。蛋生追索天书，与狐狸精斗智斗勇，为民除害。精彩怪诞的故事情节，饱含中国艺术元素的场景

设置，以及活灵活现的人物形象塑造，使这部电影成为一部经典之作。

- 天道无私，既有天书，理当传授于人。
- 那狐狸一成了精，可就不得了啦！她可以叫你上天堂，也能叫你下地狱。
- 你怎么长得那么难看？人不可貌相，海水不可斗量。
- 她为什么长得那么好看？女大十八变，越变越好看。

相关素养

审美情趣：具有艺术知识、技能与方法的积累；能理解和尊重文化艺术的多样性，具有发现、感知、欣赏、评价美的意识和基本能力；具有健康的审美价值取向；具有艺术表达和创意表现的兴趣和意识，能在生活中拓展和升华美等。

电影里的素养解读

1. 观电影，品善恶

正义必将战胜邪恶

天书上记载的一百零八条法术，像发光的宝盒吸引着人们去打开。狐狸精学会了法术是去招摇撞骗，勾结官府，祸害百姓，而蛋生却是用来帮助百姓去除蝗灾，造福社会。经过一番斗智斗勇，狐狸精最终被镇压，蛋生继续用天书为民谋福。蛋生与三只狐狸精的动机不一，自然会有利益冲突，引发争斗。自古以来，有利百姓者为正义，危害百姓者为邪恶，不管两者的斗争过程多么艰难不易，最终邪不压正的主旋律是不变的。齐天大圣孙悟空斩妖除魔，助师父取得真经；小哪吒为了百姓，舍生取义，重生后大闹龙宫，为民除害；精灵古怪的小蛋生苦学法术，惩强除恶，造福百姓……这些饱含正义、勇敢智慧的动画角色是值得我们学习的好榜样、大英雄。这种通过电影潜移默化传递的文化价值是优秀的、可取的。电影中传递的正确的价值观应该伴随着大家健康成长。

善恶相对，好坏皆有

《天书奇谭》的人物角色形象饱满立体，每个人都有其独特之处。比如：将天书传于人间、造福百姓的袁公，打开石龛门的最初动机是因为其官职卑微，不得参加盛宴的气愤，再加上他看守天书三千年却从未得见的私心。不辨是非、冷酷无情的天帝能在袁公私取天书时，因为一位神仙的求情，未按天规处死袁公，只是让他下凡看守天书。作为剧中最大反派的三只狐狸精，虽然贪得无厌，危害百姓，可是一家人却也不离不弃，始终相守，在瘸腿狐狸闯祸时，老狐狸也没有抛弃他，只是教训他几句。想要借助狐狸精的法术获取私利的县太爷，面对自己生病的老父亲时，流露出的孝心也让人难忘。人皆有两面性，用辩证的观点去看待他人，看待自己，不也是值得我们思考的吗？在与别人相处时，我们要知道每个人都有自己的优点和长处，同样也会有一些缺点和不足，无论是自己还是他人，我们都要学会用一分为二的观点去对待，保持优点，正视不足。对待艺术作品，我们应该要有健康的审美价值取向，对待每一个人也理应如此。

不圆满也是另一种圆满

电影里的袁公一心想要把天书留在凡间为百姓谋取福利，可最终还是因为泄漏天机被抓回天庭，终身受罚。在被擒拿归天的那一刻，他还叮嘱蛋生：“蛋生，

你要好自为之啊！”希望蛋生能够不忘初心，为民谋利。这样一个正直无私、顾全大局的人物，最终结局却让人唏嘘不已，但也正是这样的不圆满才能在我们心中留下更加浓墨重彩的一笔。米洛斯的维纳斯虽然失去了两条由大理石雕刻成的美丽臂膊，却出乎意料地获得了另一种抽象的艺术效果，成为大家心中的经典。世事万千，不如意之事肯定会有，我们面对这些不如意、不圆满，也应该以一种更加积极和包容的心态来面对。

2. 对“审美情趣”素养的促进

《天书奇谭》这一中国经典电影中对中国文化元素的运用，如戏曲、年画、剪纸、民间玩偶、园林等，让电影中的角色和场景都散发着浓浓的中国美，可以让我们了解到中国传统美学的知识，发现、欣赏到各种各样的中国传统艺术元素。这部充满着中国特有美学魅力的电影可以提升大家的审美情趣。

中国元素使角色形象更生动

电影中许多角色形象来自戏曲造型，生旦净末丑俱全。粉狐狸的设计取自京剧中的花旦，她盘着妩媚的发髻，长着柳叶眉、丹凤眼、樱桃嘴、瓜子脸，脸蛋上还泛着两坨红晕。她的动作很具魅惑力：翘着兰花指，走起路来扭着杨柳腰，造作无比。诡计多端的老狐妖长着八字眼，尖嘴猴腮，脸色惨白，给人一种贼眉鼠眼之感，又身穿道士服，非常符合她装神弄鬼的行为。袁公身着白色长袍，脸盘呈方形，长着红色毛发，与京剧中的关公相似，额头上的弯月印记有一种包公的正直之感。县太爷长着一张瘦长的脸和尖尖的嘴，脸中央有着一圈白粉，如同京剧中的丑角一样，他头上戴的乌纱帽两端竟然是铜钱，再加上两撇滑稽的小胡子，让这个角色越发活灵活现。

戏曲是中华民族传统文化的重要组成部分，对戏曲文化的继承和弘扬是美育的重要途径。中国戏曲文化源远流长，为了传承弘扬戏曲文化精髓，培养我们的戏曲素养，营造校园戏曲文化氛围，许多地方都在举办“戏曲进校园”的活动。这部20世纪80年代的电影在当下刚好与时代主旋律相融合，不仅带来正能量的传播，还能让我们了解到许多中国传统艺术元素的知识，体会中国戏曲的魅力，通过影片中的人物角色激发大家的审美情趣。

中国元素使场景设计更美观

中国山水画是中国文人情思中最为浓厚的沉淀，其一笔一画都传递着诗意之美、空灵之美。《天书奇谭》的场景设计就运用了大量的中国画元素，多数场景都是以水墨画形式出现，包含着山水画底蕴：云雾缭绕之间，群山或浓或淡，若隐若现，营造一种缥缈悠远之感；怪石奇松相映成趣，彰显中国文人风骨；小桥流水，岸边几处人家；弱柳扶风，水面初绽几朵荷花，流露出一丝江南的温婉动人。此外，知府大人婚礼的供桌绣布上绣着象征夫妻同心的并蒂莲、老狐狸施法讨皇帝欢心时的百鸟朝凤、街道上热闹非凡的舞龙舞狮场景、知府大人家极具江南园林特色的院落、装饰寺院宫殿的各种吉祥图案等细节之处也都充满着中国传统文化元素。

电影的配乐也值得一提，其与角色形象、动作和场景的变化融为一体，角色因为音乐更具灵气，场景因为音乐更有美感。而且配乐和音效在传统民乐配乐的基础上，采用了不少电子合成音，让古典意味浓厚的神话仙境平添一丝迷幻与未来感。

《天书奇谭》中精彩怪诞的故事情节让我们的思想仿佛随之飞到山河湖海，极大地开拓了思维，丰富了想象力；戏曲元素、中国画元素、园林艺术等中国传统艺术元素的大量运用不仅让我们潜移默化地接触到这些艺术知识，更能从中获得艺术创作的方法和技能。电影在音效制作方面的融合与创新，也值得我们学习。

从审美情趣的角度出发来看，中国传统文化元素承载着人类社会悠久的发展，建立了人类与现实的审美关系，带动了人类的审美情趣。一部好的电影带给我们的不仅仅是曲折动人的情节，更多的应该是正确的价值观和文化的传承。总之，《天书奇谭》会让每一位观众享受一场视觉盛宴，领略中国传统文化元素的独特之美。

观影前可以做的活动

- 观看一部中国传统戏曲作品，了解戏曲中人物形象设计。
- 参加一次中国画作品展，和身边的人聊一聊彼此的想法和感受。
- 观看《山水情》《小蝌蚪找妈妈》《哪吒闹海》等中国传统动画，感受其中的艺术魅力。

观影后可以做的活动

- 画一画影片中你印象最深刻的角色，说一说角色形象特点。
- 选择电影中你喜欢的一段内容，和家人或朋友一起演一演，注意人物的语气和动作。
- 假如你是一位导演，是否可以从中国传统艺术元素中汲取灵感拍一部作品呢？写出相关方案。

电影信息

导演：王树忱　钱运达

制片国家：中国

素养归类：文化基础之审美情趣

观影笔记

科学精神 理性思维

《流浪地球》

（执笔人：黄金冠）

电影主题

电影《流浪地球》讲述了太阳即将毁灭，人类在地球表面建造出巨大的推进器，寻找新家园的故事。宇宙之路危机四伏，为了拯救地球，为了人类能在漫长的2500年后抵达新的家园，流浪地球时代的年轻人挺身而出，展开争分夺秒生死之战。

经典台词

- 无论最终结果将人类历史导向何处，我们决定，选择希望！
- 无论结果如何，人类的勇气和坚毅，都被篆刻在星空下。
- 道路千万条，安全第一条。行车不规范，亲人两行泪。

相关素养

理性思维：崇尚真知，能理解和掌握基本的科学原理和方法；尊重事实和证据，有实证意识和严谨的求知态度；逻辑清晰，能运用科学的思维方式认识事物、解决问题、指导行为等。

电影里的素养解读

1. 带着地球去流浪

影片中，科学家们发现太阳急速衰老膨胀，短时间内包括地球在内的整个太阳系都将被太阳所吞没。为了自救，人类提出一个名为“流浪地球”的大胆计划，即倾全球之力在地球表面建造上万座发动机和转向发动机，推动地球离开太阳系，用2500年的时间奔往另外一个栖息之地。在与时间赛跑的过程中，无数人前仆后继，奋不顾身，只为延续百代子孙生存的希望。

中国特色式的“流浪”

电影《流浪地球》在视觉呈现、故事情节发展等方面参照了好莱坞电影的模式，但是在这种模式下却是一颗中国心。这种中国心就是电影关于故土、关于家庭的主题。电影其实是将人类的命运与地球的命运相连，形成一种休戚与共、命运一体的关系。这种关系体现在中国传统文化上则是“家国天下”，更深一层便是讲究落叶归根、安土重迁的生命意识。人类要带着地球在宇宙中流浪，流浪是为了寻找，而在寻找的过程中彰显的是人性深处最耀眼的光辉。电影中没有出现绚丽的飞船，也没有具有超能力的救世主，有的是对人性的坚守与执着。在已有的科幻电影里，只有《流浪地球》把地球和人类的命运如此紧密地联系在一起，在浩瀚冷峻的宇宙中漂泊以求生存，而这也正体现了中国的“故土情结”“人类命运共同体”等科学思维和价值观。

“流浪”来自硬知识

电影用浩瀚的宇宙衬出人类的渺小，一个被冰封的世界，一个被火烤的家园，一个逃离太阳系的地球，一个被木星引力捕捉的星球……在这些一颗比一颗大的行星，一场场前所未有的自然灾害的对比下，人显得何其渺小。为什么人类大逃亡，要带上地球？在已知的科学技术条件下，人类离开了地球将难以永续生存，地球目前仍是人类唯一能依赖、信赖的维生系统。只有像地球这样规模的生态系统，这样气势磅礴的生态循环，才能使生命万代不息。影片中，带着地球去流浪，也就是按照这样的科学思维方式提出并制定的。

2. 对“理性思维”素养的促进

科学思维方式是一种方法，想象力可以天马行空，但要用科学的思维方式来约束。学会科学思维，并将它变成日常生活的一部分，不管接触到任何问题，都要用科学思维来观察、分析。可以找权威性的科学读物或者著作研究，增加科学知识，打开想象力，学会运用科学的思维方式去认识事物，从而解决问题、指导行为。《流浪地球》的横空出世，激发了孩子们的想象力与求知欲，打开了青少年探索宇宙的兴趣之门。

利用科学的力量

《流浪地球》故事背景中，太阳老化不断膨胀，太阳系已经不适合人类生存，于是人类为自己选了一个新的家园——半人马座。但因为半人马座距地球的距离太远，要 7 万光年才能到达，所以如果无法靠自己的力量推动地球，那就需要借助精巧的轨道计算，利用天文尺度的力量——万有引力来推动地球。影片中，人类在通过科学预测了解到地球所面临的宇宙环境危机时，运用了科学的思维方式，通过智慧决策，开启了浩浩荡荡的“地球流浪”计划。利用岩石为主要燃料进行核聚变，提供了无穷无尽的燃料。之后，正是有了重聚变发动机，才能让“流浪地球”计划成功。

制作中的科学思维

（1）“流浪美学”:《流浪地球》选择了苏联式的重工业美学风格，这样能够更好地与中国现实情况相结合。首先,航天部分的场景设计基于真实的中国航天技术。与美式科幻电影中空间站走的极简风、未来感不同,《流浪地球》的空间站偏现实。另一方面,受限于资金和技术问题,建立具有未来感的视觉体系,将耗费更多资源,也更有难度。最终权衡之后，在写实和未来感之间找到了支撑点。

（2）木星引力：影片中，运用了木星的“引力弹弓效应”。借助木星的自转，最终地球会被木星像甩铅球一样甩出去，到达逃逸速度。《流浪地球》的故事又引入“洛希极限”这一概念,即地球在天体的相互影响中,坠入木星的一个极限边界。将这些理论贯穿于电影中，从情节本身到后期制作，故事走向和导演制作团队的表现，都经过了无数次验证，查阅了相关科学资料，结合实际，用科学的眼光和思维为基础，来架构故事，来解决拍摄、制作中的问题。无论是幕后或是荧屏中，都是素养中逻辑清晰，用科学的思维方式解决问题、指导行为的集中表现。

观影前可以做的活动

- 阅读电影原著作者刘慈欣的作品《微纪元》。
- 你了解地球吗？画一画地球的样子。
- 查阅有关木星的知识，并讲给家长或同学听。
- 做一个“你知道哪些科学小知识”问卷调查。

观影后可以做的活动

- 和朋友一起交流电影中有哪些科学知识和现实是有关联的。
- 当一名小记者，采访同伴们对电影《流浪地球》的感想。
- 地球在接下来的流浪时间中，还会遇到其他危机吗？发挥你的想象，写一写。
- 讲一讲你曾看到的哪些科学场景最让你震撼。如何让这些场景变为现实呢？

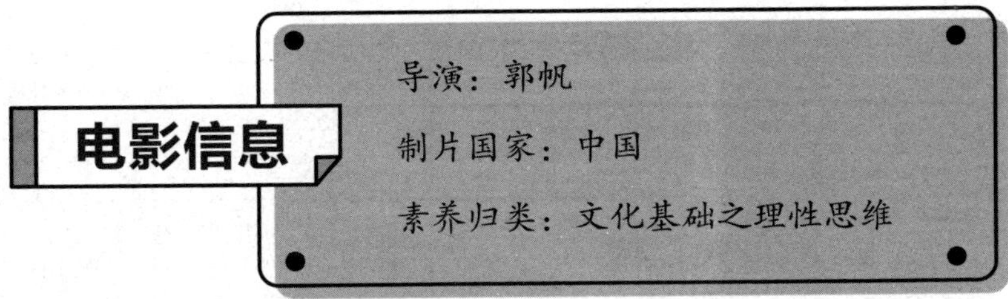

电影信息

导演：郭帆

制片国家：中国

素养归类：文化基础之理性思维

观影笔记

科学精神　批判质疑

《罗小黑战记》

（执笔人：王　欣）

电影主题

在《罗小黑战记》这部东方特色鲜明的二维动画电影中，作者构建出了一个庞大的世界——一个人类与妖精共存、包含不同价值观与矛盾的现代社会。在这个社会背景下，罗小黑作为一个还没有正确判断能力的幼年妖精，一开始因为人类对环境的破坏而对所有人类产生了偏见与敌意，旅途中在科学精神的引导下逐渐改变对人类的看法，能够独立思考问题，学会了信任、成长、自我突破。影片最后，罗小黑最终选择守护人类世界，而不是让世界回归被人类破坏前的原始状态。

- 人和妖一样，很难定义好坏，好坏在不同人眼里也不是绝对的。
- “风息是坏人吗？”“好和坏，不必问我，你可以有自己的观点。”
- 互相牵挂的感情是需要珍惜的哟！
- 人类和妖精只能寻求共存之道，谁都不可能灭了对方的。
- “你想报复人类吗？”“我只是想回到森林里。”
- 好不容易维系的平衡，破坏起来，可真是简单啊。
- “你确定你要和我一起流浪吗？你不是想有个家吗？”“我想和你在一起。”

相关素养

批判质疑：具有问题意识；能独立思考、独立判断；思维缜密，能多角度、辩证地分析问题，做出选择和决定等。

电影里的素养解读

1. 对“家”的追寻

导演通过天马行空的想象，构建出了一个奇异的世界——人类和妖精共存的世界。在熙熙攘攘的人类世界里，有人知道妖精的存在，有人则不知道。而有的

妖精隐匿身份生活在都市，也有的妖精不屑于伪装，生活在妖灵会馆。猫妖罗小黑因为家园被人类破坏而无家可归，从此踏上了寻找新家园的流浪之旅。

在寻找新家园的过程中，在风息的算计之下，罗小黑被风息带到了他的家——一个被遗弃的仿佛世外桃源般的小岛。在这个风景如画的小岛上，罗小黑认识了新的妖精朋友。新朋友的热情友善使得罗小黑放下心防，风息的一句“这里以后就是你的家了”更是成功让罗小黑对这个“新家”有了归属感。

然而这份找到新家的喜悦在第二天早上就荡然无存了。人类无限的出现使得罗小黑和风息等人失散并被无限强行带离小岛。在离开小岛的木筏上，小黑默默地望着小岛，脑海中浮现出风息说的“这里以后就是你的家了”这句话。罗小黑看似搞笑的一次次“大逃亡”的背后，是“回家”的执念在支撑着他。

在与无限的相处中，罗小黑渐渐发现了他并不是自己原以为的坏人。无限在这一路上教给罗小黑太多东西，不是师徒，胜似师徒。无限知道罗小黑想要一个家，于是他想到了妖精会馆。他清楚罗小黑对自己有偏见，所以选择用自己的方式把罗小黑带到妖精会馆。他相信罗小黑会喜欢上那里，喜欢上那里的妖精们，从此有一个安定幸福的家。可惜计划赶不上变化，就在要到达妖精会馆之前出现了变故，风息夺走了罗小黑的“领域”要报复人类。罗小黑最终选择了抛除成见、保护人类。

来到妖精会馆后，罗小黑果然很喜欢这里。但在发现无限并不住在这里后改变了主意，选择和无限一起继续流浪。因为他终于懂得了“家”并不是固定在某个地方的一处房子，而是和温暖的家人在一起的地方。

2. 对“批判质疑”素养的促进

对“批判质疑”素养的解读

科学精神的内涵是十分丰富的，但其核心和精髓是批判质疑精神。批判质疑，具体来说，就是要具有问题意识；能独立思考、独立判断；思维缜密，能多角度、辩证地分析问题，做出选择和决定。人类对追求真理的渴望驱动着人们主动去探寻世界的奥秘。能够科学理性地对问题进行独立的思考和判断从而解决问题，才是揭示我们人类生存真理的唯一途径。只有通过缜密的思考和判断去认识和实践真理，才能更好地改变人类的物质环境，从而达到更高的精神境界。这就需要人们能带着批判质疑的精神去理解和改造社会，由此才能得出符合世界发展规律的真理。《罗小黑战记》这部电影中罗小黑思想成熟的过程就体现了批判质疑精神中“能独立思考、独立判断；能多角度、辩证地分析问题，做出选择和决定”的重要性。

“批判质疑”素养在电影中的体现：知善恶，辨是非

什么是善？什么是恶？人们经常会以个人主观意志标准中的善事或恶事去判断一个人的好坏。

电影中罗小黑和无限有一段让人印象很深的对话：“为什么对我这么有敌意呢？”“因为你是坏人。”“风息不是吗？”“他才不是。”“你们才认识半天吧？”“他给我东西吃，还给我树洞住。”“我不也给东西吃吗？”“……”这是罗小黑第一次表达出自己的善恶观念，他单纯地认为给他东西吃，还给他树洞住的风息是好人。有些人可能会笑这种想法很天真，但是想一想当时的情景，又觉得他这种想法不难理解。年幼的罗小黑在寻找新家园的过程中被三个人类发现后追赶，在准备反抗时被风息发现、解围。风息告诉罗小黑他也是妖精、是同类，并利用变成本体俯下身碰鼻这种妖精之间表示友好的方式消除罗小黑的警戒，在安抚好了罗小黑的情绪后带着他来到一个世外桃源一样的岛上——风息和同伴们的家。风息把罗小黑介绍给妖精同伴虚淮、洛竹和天虎。同伴们友善的反应使罗小黑对这个陌生的地方很快有了认同感，愉快地成为风息的“朋友”，并有了新的“家”，给原本孤独流浪的罗小黑带来了“家的感觉”。这样的风息，被罗小黑通过自己初步的思考、判断认定为“好人”。

可就在入住“新家”的第二天，人类无限的出现打破了这个“新家”的平静。在经过一番打斗后，罗小黑与风息等人失去了联系，被迫和同样被困在岛上的人类无限一起离岛踏上新的旅途。人与人或者说是人与妖精之间的敌意很容易产生，

想要消除却很难。罗小黑可能并不清楚无限为什么要抓风息，但是罗小黑的家园就是被人类所破坏的，作为人类并且来者不善的无限要抓的也是自己刚刚认下的“朋友”，还害得自己和“朋友”走散。单纯年幼的罗小黑把这些种种因素加在一起多角度、辩证地分析，初步做出了无限是“坏人”的结论。所以，同样都是给他饭吃，罗小黑却对无限充满了敌意。

难道孩子就真的不懂什么是善恶吗？进入城市的前夜，无限在和罗小黑的谈心中对他嘱托：“你非常有天赋，将来肯定会很强大，如果你真的选择离开，希望你不会用它来做坏事。”罗小黑立即反驳道：“我才不会做坏事呢！”“你分得清好坏吗？”罗小黑果断地回复：“当然。”无限虽然平时看上去不怎么靠谱，但是他没有把罗小黑看做一个不辨善恶的无知小孩。他相信就算是孩子，也有自己的判断能力，内心也会有自己的一个衡量善恶的标准，能够分辨出这世界中的好与坏。所以无限的回答是令人动容的五个字：“好，我相信你！”这份信任和尊重对于一个孩子来说，弥足珍贵。这个时候的罗小黑，跟着无限一路修行，把在和无限的相处中经历的一些事情进行思考判断，多角度、辩证地分析出无限并不是像他最开始所认为的那样是一个“坏人”。罗小黑对无限以及人类的印象有了改观，于是在经过思考后对无限说出了“风息不是坏人，你也不是”这句否定自己之前对无限评价的话，体现了罗小黑的批判质疑精神。

随着剧情的发展，我们不难看出，无限不仅不是一个坏人，反而是一个心地善良的好人。他之所以想要带着罗小黑去妖精会馆，其实就是察觉到了罗小黑需要一个有妖精同伴的家。古语有云：近朱者赤，近墨者黑。妖精会馆里的妖精都是品质得到认可的，不会把罗小黑这个单纯的孩子往歪路上带，作为同伴非常合适。塞缪尔·约翰逊曾说过，教育的最终目的为明辨善恶及真伪，并使人倾向于善与真，排斥恶与伪。正确的价值观需要正确的引导，无限一步步引导罗小黑独立思考、独立判断，多角度、辩证地分析问题，做出选择和决定。在这点上，无限可以说是做得非常出色了。

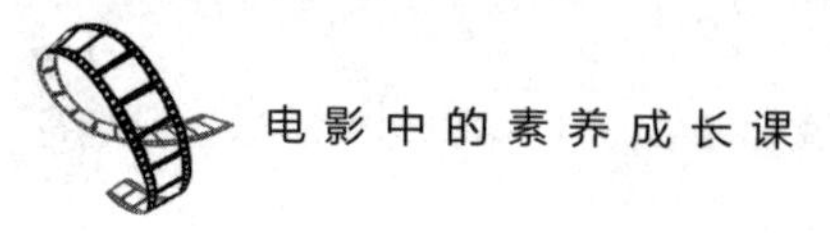

与无限恰恰相反的是风息。原来最开始被罗小黑当作朋友的风息才是从一开始就在算计着罗小黑的人。得知真相的罗小黑有一瞬间的迷茫："风息是坏人吗？""好和坏，不必问我，你可以有自己的观点。"我们也相信，逐渐成长起来的罗小黑有他自己的答案。

影片对"批判质疑"素养的促进

在学习生活中，要留给自己独立思考、独立判断的空间，尽可能锻炼自己多角度、辩证地分析问题，做出选择和决定。要对身边事物保持好奇心和探索精神，不轻易否决别人的想法，可以适当提出与他人不同的想法和观点，不让自己受固化思维的局限。当你能够明辨是非的时候，也就是你真正成长的时刻。

观影前可以做的活动

- 可以和家人或同伴一起搜集资料了解中国神话故事中关于妖精的描写。
- 尝试把你心目中的妖精形象用画笔在纸上描绘出来，并把"他"介绍给大家。

观影后可以做的活动

- 向家人或同伴分享你所了解的妖精是什么样的。
- 和家人或同伴一起寻找居住地附近的流浪小动物，观察它们的生活状态。思考判断如何能够帮助它们更好地生存。
- 你认为电影中哪个人物形象最具有批判质疑精神？如何体现？

电影信息

导演：木头

制片国家：中国

素养归类：文化基础之批判质疑

观影笔记

科学精神　勇于探究

《钱学森》

（执笔人：张露垚）

电影主题

在《钱学森》这部影片中，青年时期的钱学森赴美留学，因为美国兴起的反共言论而受打击，他的尖端技术研究被迫中止。钱学森心系祖国，归心似箭，不畏困难，写信辗转与祖国取得联系，终于回到祖国。钱学森凭着坚持不懈的探索精神，研制的第一枚导弹与原子弹相继试验成功。之后他又承担起了研制火箭运载原子弹进行远程攻击的任务，钱学森带领科研人员克服了天气、地理等困难，大胆尝试，完成“两弹结合”试验。1966年10月在罗布泊靶场成功试射新中国第一枚核导弹！

- 美国能研发，我们不比他们少个头脑！
- 我一定要让中国人拥有自己的原子弹和导弹。
- 不要服我，要服科学！
- 回到我的祖国，我做什么都可以。
- 没有箭，和有箭不用，是两回事！

相关素养

勇于探究：具有好奇心和想象力；能不畏困难，有坚持不懈的探索精神；能大胆尝试，积极寻求有效的问题解决方法等。

电影里的素养解读

1. 满腔爱国情的理想奠基

时代背景下的救国志

钱学森，1911 年生于上海，吴越王钱镠第 33 代世孙。钱学森 3 岁就来到北京，接受了良好的中学教育。这一段经历，对他而言至关重要。从小就被誉为神童，长大后，钱学森更是显示出过人的天赋。生在内忧外患、饱受屈辱的中国，影响

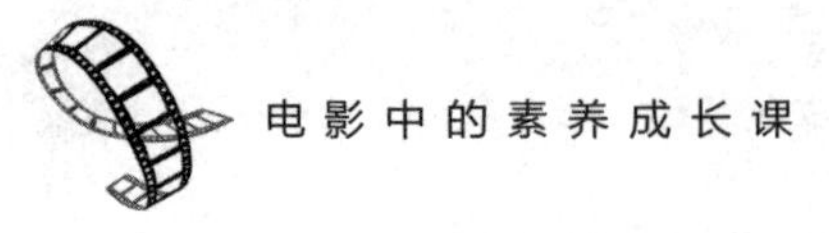

了钱学森的志向。他认为科学才是救国的利器，从心底渴望成为一名科学家。

报效祖国的主旋律

“一·二八”事变刺激了钱学森：要想让祖国人民不受欺负，就必须先把航空工业发展起来。于是，钱学森来到了美国东海岸的麻省理工学院，就读航空系。当时，航空学领域的学术大师，美国空气动力学泰斗，正是加州理工的冯·卡门教授。钱学森仅用一年时间取得硕士学位后，决定到加州理工学院继续深造。在冯·卡门的力荐下，钱学森顺理成章地来到加州理工攻读博士学位。在这里，钱学森如鱼得水，充分发挥了自己的专长。1939 年，钱学森获得加州理工航空数学博士学位。这期间，他和导师合作研究出了著名的卡门 – 钱公式。

人有地域和信仰的不同，但报效祖国之心不应有差别。科学没有国界，但科学家有祖国。1955 年 9 月 17 日，钱学森和妻子蒋瑛带着两个孩子，同 20 多个中国留学生一起踏上了归国的旅程。这位世界著名科学家，以一个普通科学工作者的姿态，穿行在风沙弥漫的西北荒漠，面对一穷二白的艰苦条件和零基础国情，他始终奋发图强、励精图治，成功研发了“两弹一星”，为中国火箭、导弹和航天事业作出了杰出贡献。在他看来，事业和荣誉只有同祖国联系起来才有意义。正是钱学森的回国效力，让中国的“两弹一星”事业至少向前推进了二十年。

2. 对“勇于探究”素养的促进

坚持不懈的探索精神是推动社会进步的重要思维品质。不畏困难、大胆尝试的重要性更是如此。

迎难而上的科学路

科学的本质在于探究未知，为人类造福。要学习钱学森不畏困难，坚持不懈、探索创新、勇攀高峰的科学精神。在通往未知领域的道路上，科学家既要沿着前人的足迹，又要敢于突破既有的思维框架。作为一代科学巨擘，钱学森同志以自己的远见卓识，从战略上思考我国科技发展的重大问题，提出了许多富于创造性、

前瞻性的重要学术思想和有重大价值的建议，以渊博的知识和超凡的智慧解决了一系列关键技术难题。

钱学森以极强的创造力取得了许多让人惊叹的成就：从早年的机械工程、航空工程起步，到空气动力学、喷气推进、工程控制论、物理力学等，再到航天工程、系统科学，他一生涉足数十个现代科学技术领域，均作出了开创性的贡献。

人要学会走路，也得学会摔跤，只有经过不断地摔跤才能学会更好地走路，就像电影里原子弹的研制，可谓是难上加难。钱学森在我国科技水平落后的情况下，开展基于国情实际的研究和探索。但中国从原子弹研制成功，到“两弹结合”成功，只用了两年。钱学森的功劳可想而知。

敢于挑战“硬技术”

回到祖国，钱学森依旧能在极其艰苦的条件下取得瞩目成绩。钱学森带领研制的“东风二号”短程弹道导弹发射成功，这成为中国火箭发展史上重要的转折点，标志中国火箭技术从仿制走向了独立研制。能大胆尝试，积极寻求有效的问题解决方法就要把勇于探究和创新作为科学研究的第一要义，树立并保持永不止步的进取意识和开创精神，激发并保持永不满足的求知欲和创造欲，培养并保持永远昂扬的独立精神和进取意识。也正是这种精神，钱学森的科研成果才充分应用到社会主义现代化建设之中，大幅度提高国家竞争力。晚年的钱学森，依然在学术上严格要求自己，甚至在70岁以后，又一次进入了学术高产期。不仅在航空领域，钱学森在建筑、文化艺术、地理方面都有卓越的成就，创作出《创建系统学》《论地理科学》《科学的艺术与艺术的科学》《论宏观建筑与微观建筑》一系列著作。

不断大胆地尝试来寻求解决问题的方法是探索求知、社会创造的重要因素。但是，只想不做，只能是空想。只做不想，做的程度也会十分有限。在发挥想象的同时，还能脚踏实地探索，才是解决之道。

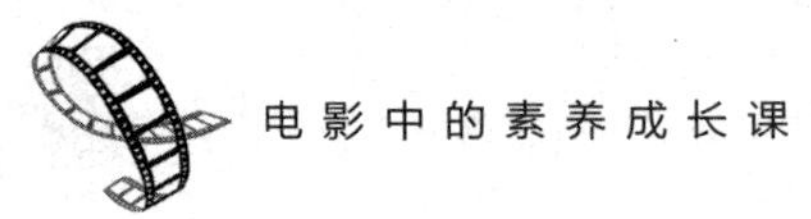

观影前可以做的活动

- “导弹”一词你是否第一次听到？你认为导弹是什么样子的？试着画出来。
- 去军事科技馆近距离观察一下导弹的模型。
- 导弹的作用是什么？查阅有关资料了解什么是导弹。
- 搜集与钱学森有关的故事，试着向家人介绍这位导弹之父。

观影后可以做的活动

- 钱学森的什么精神最值得我们学习？如果你在学习或者生活中遇到了重重困难，你是否能坚持？你会怎么做？
- 导弹的研究和制造是一个漫长且艰辛的过程，对于强大我们的国家也有着至关重要的存在。你是否也有一个中国梦？说一说长大后你想为祖国做出什么贡献。
- 科技强国，少年强则国强。发展我们的国家离不开身为中流砥柱的青少年们，试着把钱学森的事迹和精神讲给身边的人。
- 影片中的钱学森遇到问题总能不畏艰辛迎难而上，看完影片，你有什么目前遇到的困难呢？你能试着说一说你的解决方法吗？

电影信息

导演：张建亚

制片国家：中国

素养归类：文化基础之勇于探究

观影笔记

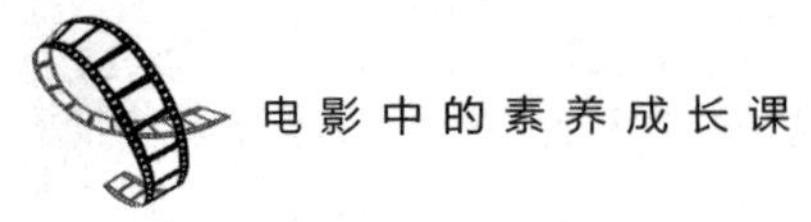

第二章 自主发展

自主性是人作为主体的根本属性。自主发展，重在强调能有效管理自己的学习和生活，认识和发现自我价值，发掘自身潜力，有效应对复杂多变的环境，成就出彩人生，发展成为有明确人生方向、有生活品质的人。

1. 学会学习

主要是学生在学习意识形成、学习方式方法选择、学习进程评估调控等方面的综合表现。具体包括乐学善学、勤于反思、信息意识等基本要点。

2. 健康生活

主要是学生在认识自我、发展身心、规划人生等方面的综合表现。具体包括珍爱生命、健全人格、自我管理等基本要点。

学会学习　乐学善学

《中国合伙人》

（执笔人：李佳薇）

电影主题

《中国合伙人》这部影片讲述了新梦想创始人成东青及他的合伙人一起励志创业的故事。成东青是个从农村出来的孩子，到大城市后，经历了很多磨难，但他怀揣信仰，不断学习，坚守着对英语的热爱，最终，迈入梦想之门。

经典台词

- 我们只有在失败中寻找胜利，在绝望中寻求希望。
- 如果额头终将刻上皱纹，你只能做到，不让皱纹刻在你心上。
- 梦想是什么，梦想就是一种让你感到坚持就是幸福的东西。
- 掉在水里你不会淹死，待在水里你才会淹死，你只有游，不停地往前游。
- 我不知道成功的公式，但是我知道当你在梦想的前进的道路上感到了曲折，那么你已经走在了成功的笔直的大道上。

相关素养

乐学善学：能正确认识和理解学习的价值，具有积极的学习态度和浓厚的学习兴趣；能养成良好的学习习惯，掌握适合自身的学习方法；能自主学习，具有终身学习的意识和能力等。

电影里的素养解读

1. 筑梦的本质是勤奋

你总说，你有从小到大的梦想；你总说，现实残酷得让人无可奈何；你总说，

对于你想要的总感觉到力不从心。那就证明，你还不够努力，相信吧，追逐梦想的路上，勤奋永远不会缺席。

一切皆有可能

新梦想最大的领导人成东青在一开始只是一名从农村来的普通大学生，英语说得不好，也不善于沟通，但最后却走向了成功。他的成功不是偶然，也不是幸运。沉着稳重、坚韧不拔和热爱学习的特质是他成功的关键。他高考失败了两次，跪着求母亲再给一次机会。他用旧版词典学英语学出来的日式英语被人嘲笑的时候，他秉烛夜读，坚持读了 800 本书。他不畏病魔，不放弃心中所爱，最终赢得自己的爱情。他为了与美国人辩论，出国前一个晚上就背好了相关法律，在美国人面前为中国留学生赢得了颜面。“掉在水里你不会淹死，待在水里你才会淹死，你只有游，不停地往前游”。

现实残酷，逆境磨人。坎坷的时光教会我们更多的是如何与生活握手言和。出身的高低并不能决定我们生活的高度，如何在逆境中打磨成长才是我们应该坚持的。故事主人公成东青有着愿意为自己的事业不懈奋斗的执着，他不仅能够理解学习英语的价值，更有对学习英语的狂热，这与乐学善学核心素养思想不谋而合。梦想不是幻想，它始于勤奋，终于坚持。梦想，是经过努力才体会到的甘甜；是经过拼搏才获得的果实，是天道酬勤的结果，是他们告诉自己要坚持下去的希望。有梦，就有实现的可能。平庸的人有了梦想也能成为英雄，渺小的人物经过挫折的历练也能成为高手。学会放下，并相信自己，就能创造奇迹。

成功的公式

“我不知道成功的公式，但是我知道当你在梦想前进的道路上感到了曲折，那么你已经走在了成功笔直的大道上”。我们有时无法确切地定义成功是什么，但我们知道如何抵达成功。电影中三个青年对美国充满了期待和向往。他们努力攻克英语，考托福，求签证，可结果却是：两个成功，一个被拒。成东青延续失败的命运，眼看两个好友出国圆梦，他却只能留在燕大任教，却又因在外私自授课，被校方发现，央求悔罪仍被除名，毫无余地地成为一个真正“失败者”。他在学校周围所有能贴广告的地方都贴上辅导班的广告，租了间旧仓库又面临查封；公司需要上市时又遭到美国起诉涉嫌盗窃。成东青真正令人动容的地方不是他面临的惨状，而是他即使受到冷遇，也从未放弃过对梦想的坚持，他坚信知识可以改变命运，坚信学习可以扭转未来，他坚信每个熬夜苦读的背后都有他对梦想的坚持。成功的路途向来不是平坦的，而是充满荆棘和坎坷。一件件遭遇却都从侧面证实，他的成功，不是唾手可得的，而是千锤百炼铺平了成功之路。

2. 对“乐学善学”素养的促进

“乐学善学”的核心素养关注的不仅仅是知识技能的掌握，更关心在学习的过程中能否获得愉悦感、成就感与幸福感；能正确认识和理解学习的价值，具有积极的学习态度和浓厚的学习兴趣；能养成良好的学习习惯，掌握适合自身的学习方法；能自主学习，具有终身学习的意识和能力等。

能去美国留学是那时人们心中的渴望，而从美国学成回来报效祖国则是莘莘学子心中炙热的信念和坚守。在那个物质还比较匮乏的年代，人们对梦想的执着、对学习的热爱、对渴望改变命运的坚持促使着他们不断地鞭策着自己。影片中，用泛黄的色调烘托了那一代人的生活和学习处境，展现了那一代学子对学习的热忱，和对渴望改变自己、改变祖国的愿望和梦想。

从绝望到希望

成功会迟到，但不会缺席。唯有不懈地自我奋斗才有可能获得自我的实现，体现出人生的意义和价值，也只有依靠自我奋斗而最终获得成功的人，才会赢得别人由衷的尊敬和赞叹。成东青在图书馆拿着厚厚的书学习的场景令人印象深刻。有的同学嘲笑成东青的英语听起来像是日语。但对成东青而言背会了书上的知识就是拿到通往成功的通关卡，不断拼搏与追求就是迈向成功的途径。成东青在与美方就涉嫌侵权进行交涉时，说的一句话让人印象深刻：不要怀疑中国学生的学

习能力，中国学生非常善于学习，而且非常努力。成东青以自己的自信、笃定、坚持让美方无言以对，获得了宝贵的上市机会。没有人天生会是成功的。除了兴趣和努力，最重要的是愿意为此付出行动力。从兴趣、动机、趋向、习惯到最后的实施，这才构成学习这个行为的全过程。因此，判断一个人是否具有乐学善学的核心素养，不仅要看其是否具有浓厚的兴趣，更要看其是否有为此付诸行动的决心和毅力，最后，成东青敲开了成功的大门。影片向我们诠释了成功不是等来的，是创造出来的、是追求来的。

观影前可以做的活动

- 说出你崇拜的 1~2 位科学家。
- 尝试制定一个学习计划时间表。
- 在你的同学中做一个背英语单词方法的小调查，比比看谁的方法最科学有效。

观影后可以做的活动

- 查找更多通过学习改变命运的故事。
- 尝试准备一个随身携带的英语单词本，记录不会或不熟悉的单词。
- 你可曾因为自己的梦想而努力提高自己?
- 找到适合自己的学习方法。

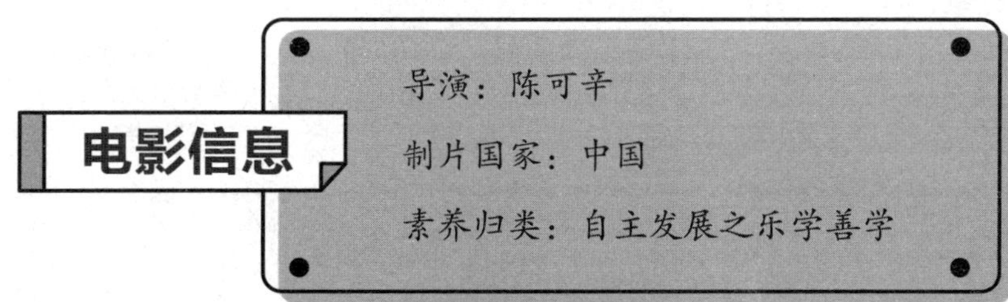

观影笔记

学会学习　勤于反思

《宝葫芦的秘密》

（执笔人：尹广苹）

电影主题

《宝葫芦的秘密》讲述了梦想成为一名卓越宇航员的小学生王葆意外地钓到一个人人都梦想得到的宝葫芦，他要什么宝葫芦就满足他，从此王葆成为“超人”，给他带来“幸福”的时候，同时也给他带来了一个又一个烦恼。

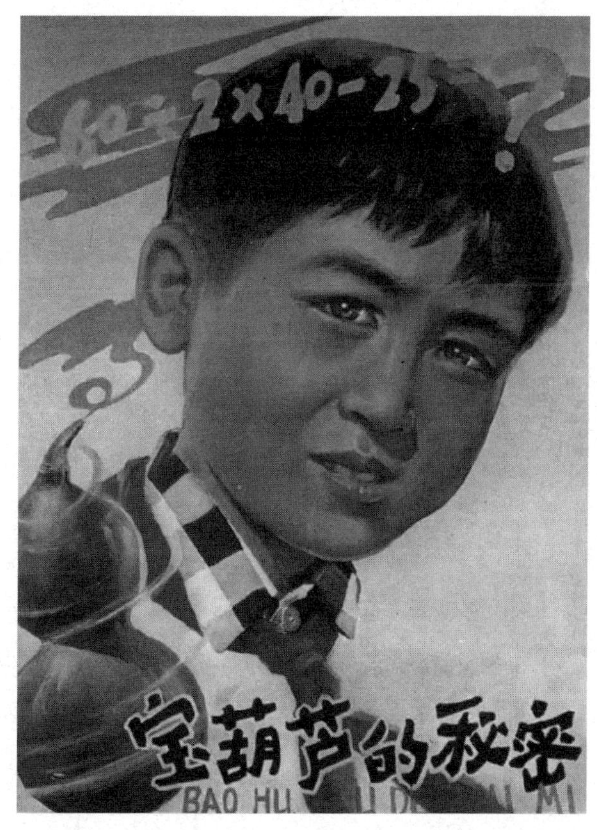

● 没有天上掉馅饼的事，凡事都需要努力。

● 你们以后遇到问题，要试着自己去找答案。

● 我看到你用自己的努力赢得胜利是多么高兴啊，所以我想重新学习学习。我现在明白了，我以前乱替你实现愿望，反倒伤害了你，也伤害了别人。

相关素养

勤于反思：具有对自己的学习状态进行审视的意识和习惯，善于总结经验；能够根据不同情境和自身实际，选择或调整学习策略和方法等。

电影里的素养解读

1. 自己努力获得的成功才是真正的成功

“梦想成真”的王葆

王葆得到宝葫芦后第一件令他得意的事就是“钓”到满满一桶鱼儿，但一条从河里钓来的“麻烦的金鱼”使他在同学和老师面前尴尬至极，由此带来“偷书”“吃马”“玩具搬家”等一幕幕荒唐而又令人啼笑皆非的事件。更令王葆羞愧的是，数

学考试靠着宝葫芦的帮忙，同学苏鸣凤的答案连同姓名都转移到了王葆的试卷上，被老师当场识破。愤怒的王葆彻底认识到，靠着外界的力量难以实现自己的梦想，毅然决然地把宝葫芦扔回了河里。

扔掉宝葫芦的王葆

放弃宝葫芦的王葆得到老师和同学们的关心和爱护，他也对自己的错误进行了反思，并向同学诚恳道歉。从此，王葆刻苦学习，发奋苦练，并在全区小学游泳接力比赛中力挽狂澜，为学校赢得了第一名的好成绩。王葆带着奖章跑到小河边激动地喊道:“宝葫芦，我赢了！我自己赢了！”电影到这里，观众深切感受和体悟到：用自己的努力赢得胜利，是多么令人高兴。

因成长思考的王葆

从电影中可以看出，孩子的世界非常单纯，他们追求梦想和幸福无可厚非，但他们缺乏判断力和自制力。王葆想拥有一个多功能的宝物，并希望依靠它为自己做所有的事情，实现他梦寐以求的梦想。然而，在经历了一系列的变化之后，他渐渐意识到只有通过自己的努力取得的成功才是真正的成功，才是真正的幸福。

每一个青少年的成长过程都会经历这样或那样的错误和问题，但只要勤于反思、善于总结、善于调整，就能少走弯路，及时归正。

2. 对“勤于反思”素养的促进

对“勤于反思”素养的解读

人文主义心理学家罗杰斯把自我反思作为学习的方法之一，反思不仅可行而且必要，学生的核心发展和反思能力是审视自己学习状态的意识和习惯；善于总结经验，表明可以根据不同的情况和现实，选择或调整学习策略和方法。我们来看看电影中王葆是如何反思和调整的。

从质疑到彻底抛弃

王葆刚刚得到宝葫芦，就使他不费吹灰之力“钓”到一桶鱼，而且还是金鱼，遭到同学质疑后，王葆质问宝葫芦“为什么要变金鱼来害我”，更是感叹“麻烦的金鱼”。一桩桩一件件，究竟是哪些事情引起王葆的反思呢？接下来我们详细地看一看。

王葆的第一次反思：当同学们在图书馆查找海洋生物学的书籍时，宝葫芦却把《海洋生物学》这本书变到了王葆的书包里，他吓得赶紧躲起来，责怪宝葫芦：“你害我变小偷了，快叫它走。”

王葆的第二次反思：在“吃马”事件之后，王葆对宝葫芦说：“以后有些事情你让我自己做。”说明王葆不仅在反思，也在总结和调整；王葆希冀通过宝葫芦的神通使梦想中的自己成为现实中的可能，却忽略了本我与超我之间存在根本性的冲突，那就是宝葫芦没有任何道德观念（所以它会为偷书和作弊洋洋得意），而梦想中的自己不能离开深厚的道德基础。当宝葫芦错把王葆变进好莱坞科幻电影里，并把玩具店所有玩具整体搬家时，王葆不但没有高兴，反而生气地大声训斥宝葫芦：“你怎么又在捣乱！”

王葆的第三次反思，比上次更加强烈：数学考试，王葆不想复习却想拿全班第一。宝葫芦使用魔法，将学习最好的苏鸣凤的答案全部转移到王葆的试卷上，可弄巧成拙，连同苏鸣凤的名字也一同移了过去，被老师当场识破。这次事件使王葆对所谓的宝葫芦有了更加全面、深刻的认识和反思，“以后我自己的事情我自己做，我不要你了，你走吧！”王葆拿起宝葫芦，使劲把它扔进了河里。王葆彻底反思了自己的行为和过错，并及时改正，才有了后来的勤学苦练，力挽狂澜，赢得最值得他骄傲的胜利。

勤于反思是具有对自己的学习状态进行审视的意识和习惯，善于总结经验；能够根据不同情境和自身实际，选择或调整学习策略和方法等。扔掉葫芦，既是对宝葫芦不合法性的认识，又是对梦想中自己的不合理性的摒弃，实际上也意味着立足现实的“自我”开始执行调节功能。在对快乐的追寻与对荣耀的渴求之间，他终于找到了一个能凭自身的才华与努力，使其理想合情合理地实现的支点。也

只有从这时开始，这个少年时常充满困惑的目光才变得清晰而坚定，那是因为他终于认识到了自身的力量与价值。

每个孩子如果都有勤于反思的好习惯，再加上丰富的科学知识武装自己，他们就可以抵御任何诱惑的侵袭，从而做好自己，不断进步。

观影前可以做的活动

- 你想拥有一个能赋予你超能力的“宝贝”吗？你希望它长什么样？有什么“神奇”的本领？请把它画出来，附带使用说明。
- 葫芦代表着“福禄”，作为学生的你认为葫芦都是干什么用的呢？请给大家画一画，讲一讲。

观影后可以做的活动

- 读一读《宝葫芦的秘密》原著。
- 你在学习中遇到问题会不会反思自己曾经的错误并进行自我总结？针对你现在的学习，你的下一个目标是什么？电影中的哪个情景让你想到现实生活中的自己，为什么？

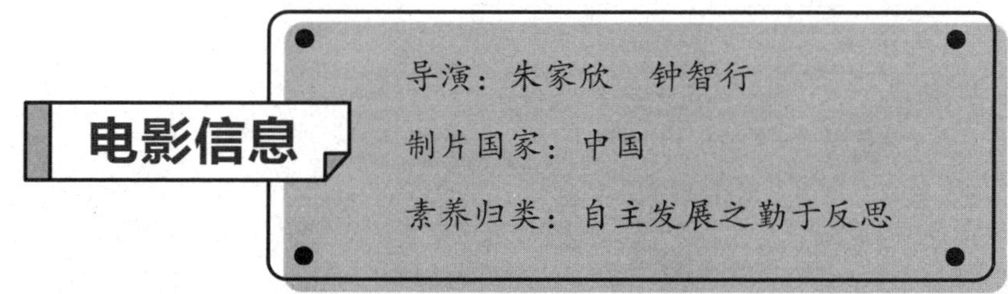

电影信息

导演：朱家欣　钟智行

制片国家：中国

素养归类：自主发展之勤于反思

观影笔记

学会学习 信息意识

《无懈可击》

（执笔人：王庆利）

电影主题

《无懈可击》这部影片是一部描写我军特种兵题材的电影。西北某战区，在发布演习命令前，指挥所信息中心指挥系统发现有“黑客”入侵。“黑客”通过远程控制，干扰破坏本次演习。指挥所信息中心戴天明组长偕同姚力和远程控制专家方颖，争分夺秒、历经艰辛查找“黑客”，破译“黑客”密码。影片全方位揭幕和展示了我军现代化高科技合成作战与捍卫国家主权领土不容窥视和侵略的能力。

- 报告组长，方颖请求战斗到最后。
- 为什么还不走？你不走，大家都不走。
- 你是对的，不抓住偷猎者，我们永远不会有胜利的机会。
- 你马上带领大家撤离到安全地带。

相关素养

信息意识：能自觉、有效地获取、评估、鉴别、使用信息；具有数字化生存能力，主动适应“互联网 +”等社会信息化发展趋势；具有网络伦理道德与信息安全意识等。

电影里的素养解读

1. 网络信息化是现代战争的重要指挥和线索

影片中，“黑客”突然入侵指挥部，在演习不能推迟的情况下，该如何应对“黑客”袭击造成的影响？我军会采取什么样的行动？故事在网络世界里不断跌宕起伏。

电影中反映出现在的战争区别于 20 世纪的机械化战争，转而走向信息化。信息化战争的最明显特征就是各种高科技武器和装备的广泛使用。信息安全是信息

作战的关键。安全控制组负责对各作战单元的信息进行传输监控和分析，以此来确保整个系统没有安全隐患。

网络信息化是本次作战演习的重要指挥和线索，“黑客”通过远程控制、破坏、干扰、过滤 07 指挥所的所有信息。同时，远程控制专家通过网络远程控制中的蛛丝马迹寻找到“黑客”的下落，在紧要关头戴天明和姚力齐心协力，破解密码，化险为夷。

2. 对“信息意识”素养的促进

互联网之“信息意识”

信息意识是指人们对信息敏锐的感受力、判断力和洞察力。信息意识包括信息经济与价值意识、信息获取与传播意识、信息保密与安全意识、信息污染与守法意识、信息动态变化意识等内容。了解基本的信息知识、识别自己的信息需求、检索需要的信息资源、分析评价信息、有效地利用信息、遵守信息道德规范是作为当代青少年的必修之课。

21 世纪的战场是多元化的，它包括海、陆、空和信息网络。在信息安全里，“黑客”指研究破解计算机安全系统的人员，他们利用公共通信网络，如互联网和电话系统，在未经许可的情况下，载入对方系统。电影中“黑客”的目的不言而喻就是要干扰、窃取、毁坏信息从而阻碍本次演习活动。就社会层面而言，“黑客”的危害也是非常大的。损坏资料、删改资料、冒名顶替乱发诈骗信息、破坏硬件、盗取虚拟物品等，给我们的生活带来不便和伤害。

我们在生产、生活、服务等方面都离不开互联网。网络使得人们不出家门，便知天下事。同时网络也存在着危险和陷阱。面对媒体铺天盖地的信息量，我们应该保持清醒的头脑，正确地运用我们手中的权利来解决问题，帮助他人，对信息拥有敏锐的感受力、基本的判断力和洞察力，鉴别信息的真假，对信息进行筛选、分析和综合。

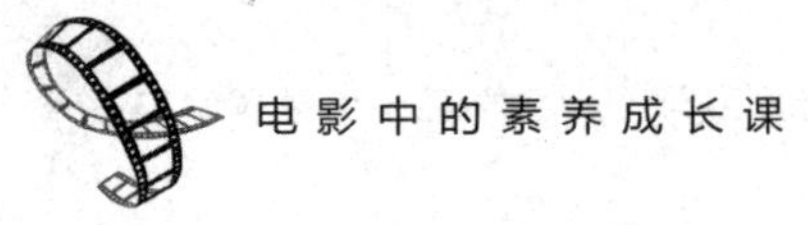

正确使用互联网

当“黑客”入侵计算机系统的时候，我们的任何资料都有可能被窃取、泄漏。可如今人们在各大论坛、微博上畅所欲言，甚至是暴露自己的真实名字和家庭住址。有没有想过可能坏人就是根据在网上的蛛丝马迹而伤害到你的生活？所以在网络上，要学会保护自己的隐私。

网络为我们带来巨大方便的同时，其上良莠不齐、泥沙俱下的各种信息，也为我们带来了巨大的危害。团中央向全国青少年朋友发出了《全国青少年网络文明公约》，我们应该认真学习、文明上网。

观影前可以做的活动

- 在网上查找学生上网需要注意的安全事项。
- 和小伙伴玩游戏，扮演“警察”，体验侦查过程，感受警察职业的特殊性。
- 尝试用电子邮箱给自己的好朋友发一封邮件。

观影后可以做的活动

- 尝试与父母一起为家庭建一个网盘，存放美好回忆。
- 为家人拍照、拍视频并做成短片。
- 上网查找并学习《全国青少年网络文明公约》的内容。

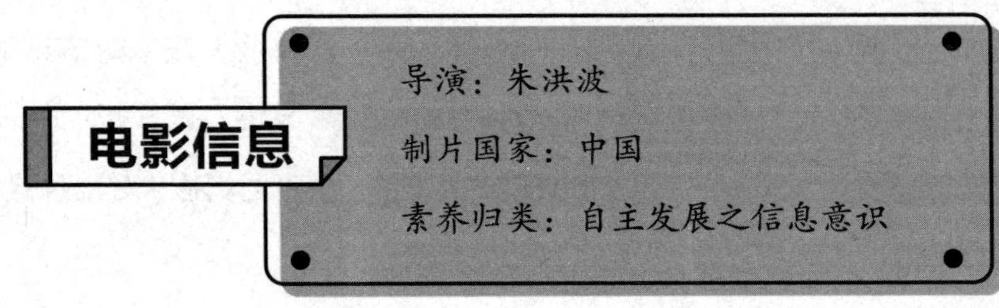

观影笔记

健康生活 珍爱生命

《唐山大地震》

（执笔人：许　珂　郑俊丽）

电影主题

在唐山这个中型的工业城市，卡车司机方大强一家人在短短7年的时间内却被迫经历多次“生离死别”。1969年，一对双胞胎的艰难降生使得这个家庭面临第一次“生离死别”，好在最后母子平安。1976年，一场突如其来的地震晃动了中国，也为这个小家庭带来了第二次“生离死别”。这场地震使得这个家庭的父亲去世，儿女分离，家不再成家。母女、姐弟从此天各一方。但好在三人都是地震的幸存者，三个人都还活着，这才有了32年后汶川大地

震他们生命轨迹的交集。

作为一部灾难片，《唐山大地震》中灾难大场面并不多。但这部电影获得了大家的一致好评。冯小刚导演没有用很多时间来描述地震的大灾难场面，而将重点放在了地震给中国、给方大强这个家庭带来的不可修复的心灵伤害上。这部影片体现了对人类生命的价值的反思。

- 没了，才知道什么是没了。
- 亲人，永远是亲人。
- 倒塌的房子都盖起来了，可我妈心里的房子永远盖不起来，三十二年守着废墟过日子。

相关素养

珍爱生命：理解生命意义和人生价值；具有安全意识与自我保护能力；掌握适合自身的运动方法和技能，养成健康文明的行为习惯和生活方式等。

电影里的素养解读

1. 失去才懂得珍惜，活着才拥有希望

家人应该是怎么样的?

电影用了一句很平常但却沉重的话语告诉了我们答案：亲人，永远是亲人。

在地震中，方大强为了救自己的妻子、自己的一双儿女而使得自己永远地留在那一片废墟中。这是他下意识的行为，这是一个父亲、一个丈夫埋藏在心中的本能。

同样一场地震，方登和方达被压在同一片楼板下，两个同样珍贵的生命，两个血脉相连的亲人，却在灾难前面临着一个单选题。当女儿与儿子，二者只能选其一时，你会怎么办？母亲李元妮最终选择了从小体弱多病的弟弟方达，而头脑清醒的方登却在废墟之下将这个选择听得清清楚楚，深深地印在了自己的心里。因此，她选择了远离这个曾经“抛弃”过她的家庭，哪怕是后来获救了也未曾想过团聚。可是，多年之后，方登与母亲一家的相遇，从一开始的抵触到最后的矛盾解开，母女相认，让我们意识到，亲人永远都是亲人。

在人生的道路上，我们总会与父母、兄弟姐妹产生大大小小的矛盾，大到可能是电影中母亲的“抛弃”，小到可能是今天他忘记跟我说晚安，但是矛盾终会慢慢解除，因为事情再大都大不过那个“情”字，只因亲人是我们永远的依靠。

2. 对“珍爱生命”素养的促进

生命的意义是什么？生命的过程就是一个人来到这个世界体验生活的全过程。这个过程是否精彩，是否有意义，是否有价值，取决于你对生活的态度和认识。臧克家曾说，有的人活着，他已经死了；有的人死了，他还活着。一个人生命的

价值在于他怎样看待自己的生命，在于他是否对自己负责，是否对社会作出了贡献，是否为国家贡献了自己的一份力量。在日常生活中，尽自己最大的能力将每一件小事做好，在平凡的岗位上做出不平凡的成绩，他的生命才会有价值。

生命能够承受多大的重量，生命有着怎样的韧性，我们常常不清楚。我们更为清楚的是生命的脆弱。我们永远不知道明天和意外哪一个会先来。我们应该珍惜生命，感激生命中的每一天。

电影中三个人都活了下来，即使带着不满，带着悔恨，他们毕竟还活在这个世上。这才有了后来的母女相逢，才有了冰释前嫌，才有了这个小家庭的团圆。这部电影试图告诉我们，天灾虽然可怕，它摧毁了一幢幢房屋，拆散了一个个家庭，带走了一个个鲜活的生命，但是只有活着才会有希望，困难再大都不要放弃。32年的风霜雨雪最终换来了母女的重逢。灾难，只会让人们变得更加坚强。

一场大地震的生离死别，一个小家庭的破碎和团圆，让我们懂得，要珍惜现在所拥有的一切，让我们明白在天灾人祸面前，日常的平淡生活显得那么珍贵和遥不可及，一起看电视、吃饭、吵吵闹闹都已成了最奢侈的愿望。在这场大地震中逝去的一个个鲜活的生命，他们可能是刚刚学会说话的孩童，可能是好不容易写完了暑假作业做好旅行计划的学生，可能是刚刚起床的环卫工人，也可能是想要探索未知星球的小科学家。我们不知道他们想干什么，怀念什么，希望什么，但我们知道他们一定像我们一样珍爱生命，如果再给他们一次机会，他们一定会抓紧生命的每一分每一秒，去完成自己还未完成的愿望。

生命短暂而又脆弱，我们又岂能虚度年华。

观影前可以做的活动

- 上网搜索或者查阅课外资料了解唐山大地震的有关信息。
- 创作一个关于生命主题的短篇绘本故事。
- 给自己最亲的人写一封信，说说自己的心里话。

观影后可以做的活动

- 和伙伴分享影片中让你最感动的瞬间。
- 摘录自己在观看电影中触动最深的台词，制作书签卡片。
- 影片中的母亲李元妮在女儿和儿子之间选择了儿子，如果你是母亲，你会怎么做选择？如果你是女儿，你在活下来后你会怎么办？如果你是儿子，你会怎么做？
- 我们对待家人时，总是把不好的一面表现出来，你觉得这样对吗？要怎么改正？

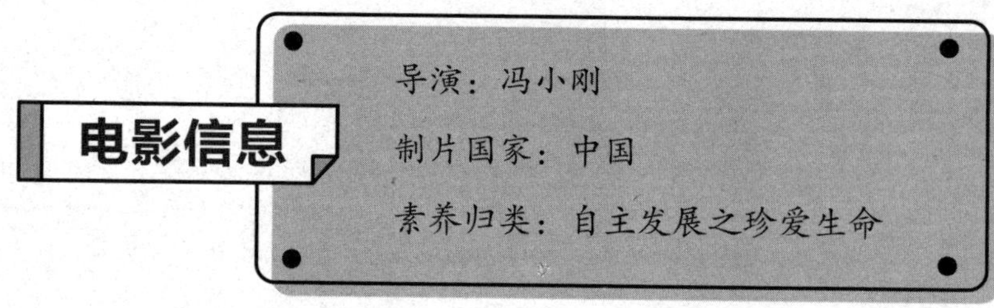

电影信息

导演：冯小刚

制片国家：中国

素养归类：自主发展之珍爱生命

观影笔记

健康生活 健全人格

《背起爸爸上学》

（执笔人：李 冰 张梦香）

电影主题

《背起爸爸上学》这部影片根据真实故事（甘肃庆阳中学学生李勇的故事）改编，讲述了我国西北偏远地区一个山区孩子在逆境中刻苦求学的故事。影片中主人公石娃用瘦弱的身躯背起的不仅仅是生病的父亲，还是一个沉重又充满希望的未来。本部影片对白简单、语言朴实无华。主人公代表着处于成长过程中的青少年群体，青少年所应具有的诚实、乐观、勇敢、负责、坚持、友爱等品质直接关系到社会的和谐稳定，在主人公石娃身上都有体现。青少年人格的养成不单单表现为对人格品质的“知”，还体现在实际行动中。

● 世上万般皆下品，思量唯有读书高。

● 马莲河水有涨的时候，也有落的时候，学也要天天上的，一天也不能含糊，你是个男娃，办啥事都要有个结果。

● 大江东去浪淘尽，千古风流人物，故垒西边，人道是，三国周郎赤壁……

● 爸，我去上学。明天一大早咱就走。

相关素养

健全人格：具有积极的心理品质，自信自爱，坚韧乐观；有自制力，能调节和管理自己的情绪，具有抗挫折能力等。

电影里的素养解读

1. 转勺开启的“石娃”上学之旅

家人应该是怎么样的？

影片开始，一个醒目的转勺躺在桌子中央，一双枯黄的老手拿起转勺，认真擦拭一番。主人公的父亲用简短的话语告知我们他们将要做的事情，家庭环境艰难，窘迫的父亲只能无奈地用老办法“转勺”来决定石娃和姐姐谁能上学。七岁的石娃懵懵懂懂，大概是运气，命运选择了石娃去上学。姐姐虽然动作表情透露出她的难过但并未埋怨父亲，并未抱怨命运的不公。石娃开开心心地蹦跳，大声说着：“我要上学啦，我要上学啦！”年纪小小的孩子并不知这个选择对姐姐有什么样的影响。

石娃上中学，凭借自己的努力参加全国奥林匹克化学竞赛，借用影片中校长说的一句话：山里飞出金凤凰，石娃获取甘肃赛区一等奖。石娃发言时，手足无措，在高老师的引导下，他讲出心里话：“我上学的机会是‘转勺’转来的。”第一句话出口很多同学都在笑，带着哭腔的石娃向大家娓娓道来家中的处境，抽着烟的爸爸就坐在校外听石娃讲……

尽管生活如此艰苦，但在爸爸和姐姐的支持下，石娃紧抓机遇，踏实奋进，积极向上。生活的贫苦没有打败石娃反而使他越战越勇，他瘦小的身子看着并不像一个高中生应有的样子，身体上的疲惫不算什么，关键是他能放平心态，保持乐观，不论环境如何艰苦，都能及时调整好自己的情绪继续前进。

现实很真，我得努力；生活很难，我得乐观

影片中的石娃父亲以一个过来人的身份，告诉石娃上学才能有出息，才能实现自己的梦想，改变家里人的生活。父亲穷其一生成就寥寥，由衷希望石娃不要像他一样，男孩子应该通过读书闯出自己的一番天地。

石娃上学途经马莲河，这条河又宽又长、蜿蜒曲折但却不深。六七岁的石娃，每天上下学都要经过这个地方，他具备的品质不仅是勇敢，还带着对父亲和姐姐的承诺，说到就一定要做到。有一天电闪雷鸣，石娃为了赶回家，冒险过河。同班女生仿照石娃，却将生命永远地留在了那条河流中，这件事也给石娃留下了阴影，他欺骗父亲和姐姐逃学，不敢去上学。但纸包不住火，事情总有暴露的那一天，石娃被父亲狠狠地打了一顿，父亲和姐姐对他既心疼又着急。第二天，父亲送石娃去上学。父亲背石娃过河时低声说道：“马莲河水有涨的时候，也有落的时候，学也要天天上的，一天也不能含糊，你是个男娃，办啥事都要有个结果。”石娃重

重地嗯了一声。这是老父亲教育孩子的一句话，孩子当时不能完全理解，但这个叮嘱会伴随孩子的一生：做事不能半途而废，要有始有终，即使失败，也要有个结果才对。在父亲的教导下，石娃鼓起勇气，调整好自己的恐惧心理，继续上学，再不耽搁课业。

父亲说的河水有涨有落岂不正象征着生活中的困难吗？这是对石娃的考验，虽然危险，但一咬牙一狠心一坚持也就过来了。人生没有过不去的坎，阻碍你的也只是胆怯的内心。知之深，行之坚，观影时只有对主人公人格品质的深刻认识，才能产生相应的人格行为，养成健全的人格品质。

穷人家的孩子早当家

每个人内心都有不为人知的软弱，无论是明智懂事、甘于奉献的姐姐，还是孝顺有担当的石娃。长大后的石娃朴实、聪明，深受老师和同学的喜爱。上中学的石娃对姐姐饱含着感激与愧疚之情，姐弟聊天中，石娃提了一句，如果当时转勺转到姐姐，姐姐也会这么优秀，姐姐却说："咱家就这么个情况，即使转到我，也该你上学。"有时候，一句不经意的话，我们也能从中感受到姐弟之间浓厚的感情。影片中对石娃的描写简单纯粹，却深深体现了石娃坚强的内心，自尊自爱，为了改变家境不断努力，勤奋刻苦。同桌落河后，石娃第一次过河时的吼叫，然后大步跨河也体现了他非凡的决心。

姐姐出嫁后，石娃与父亲相依为命，但天有不测风云，人有旦夕祸福，父亲腿脚摔出了问题。父亲瘫痪在床后，石娃不仅没把功课落下，而且把父亲照顾得十分周到。在艰苦环境中成长，在困境中前行，值得我们学习，不抛弃不放弃任何希望，永远保持乐观的心态，敢于面对惨淡的人生。

青少年时期是世界观、人生观及价值观形成的关键时期。怎样处理好挫折与荣誉、个体与集体、竞争与合作、自由与纪律、友谊与亲情、学习与娱乐等的关系，做什么样的人，怎样做人，怎样的生活才有意义，这一系列难题的平衡，都需要健康的人格来完成和解决。

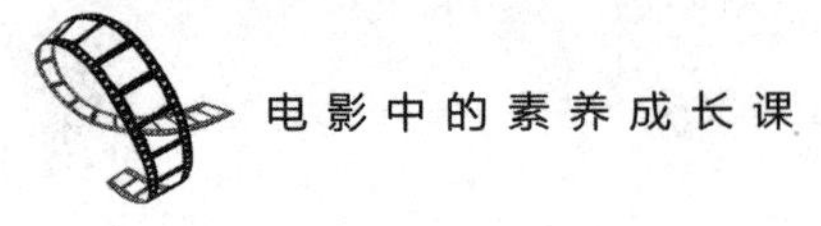

2. 对“健全人格”素养的促进

面对困难，坚韧乐观，积极向上，善于调节和管理自己的情绪，自信自爱——是心理健全的重要标志。良好的人格品质是知、情、意、行等要素和谐发展的统一。“导之以行，持之以恒”在“健全人格”教育中至关重要。

坚韧乐观的姐姐

“长姐如母”在本部影片中体现得淋漓尽致。石娃的姐姐不能上学后，便一直照顾父亲和石娃的饮食起居，任劳任怨，美丽善良，充满仁爱之心。家境困苦，姐姐没有因为命运般的选择、爸爸的偏心而自暴自弃，反而坚韧乐观，抱有积极的心理品质，帮爸爸养育爱护弟弟。

正值豆蔻年华的姐姐接受了家境的贫困，悉心教导弟弟，教他明理而非过分依赖他人。当弟弟诉说父亲偏心时，她表明换种结局自己同样会主动让弟弟上学，体现了姐姐的坚韧与乐观，每时每刻都在无私地为家人服务、付出。

坚韧如山的父亲

俗话说：父爱如山。影片中石娃父亲是当时农村父亲的一个真实形象，从石娃父亲的言行中感受他迫于家境的无奈不得已的选择。这位父亲不是传统意义上的重男轻女，他懂得怜惜女儿，也心疼女儿的遭遇。影片中的父亲点点滴滴在为儿子做榜样，不放弃不抛弃，坚强奋进，懂得感恩，记得别人的付出，做事有始有终……

坚韧勇敢的石娃

主人公石娃年幼丧母，在恶劣的家庭环境中心理未受侵蚀，年纪虽小但勇气十足，在父亲与姐姐的引导下能够及时调整自己的矛盾心理。石娃在面对是否能够上大学的苦恼时，不退缩、有主见，掌握小事、处理大事。影片全程体现了主人公坚韧勇敢的积极心态。

清晨，当别人还在睡梦中时，石娃告别了他生活 16 年的家乡，背起父亲走上

了去省城读书的路。他终将迎着朝阳，向前走去！

观影前可以做的活动

- 搜集影片所述年代甘肃的背景资料。
- 有条件的孩子可以利用空余时间去类似的地方感受、探索，并将自己的所见所闻画一画、写一写。
- 听本土老一辈的人讲一讲以前的故事。

观影后可以做的活动

- 和父母谈一谈看影片后的感受。
- 回想一下自己与父母之间互动的温暖小故事，说一说、画一画。
- 将对未来的期许写进一封致未来的自己的信。

电影信息

导演：周友朝

制片国家：中国

素养归类：自主发展之健全人格

观影笔记

健康生活　自我管理

《银河补习班》

（执笔人：曹素娟　姜馨馨）

电影主题

《银河补习班》是 2019 年 7 月 18 日在中国上映的一部电影，此影片采用倒叙的演出方式讲述了宇航员马飞意外失联，在生命的绝境中马飞想起了自己父亲的一句话："像你一样，永远不认输。"影片中的父亲马浩文激励儿子马飞不断进步、超越自我的感人故事。整部影片体现了努力进取、坚韧不拔、勇于追梦的精神。

经典台词

- 人生就像射箭，梦想就像箭靶子，如果连箭靶子也找不到的话，你每天拉弓有什么意义。
- 家长怎么说固然重要，但更重要的是，让孩子看家长怎么做。
- 这世界上有很多事情是我们控制不了的，但我们可以控制的，是我们自己。
- 永远不要停止思考，永远不认输。
- 每个人都有自己的一座桥，把自己的桥修好，在我看来是世界上最大的事。

相关素养

自我管理：能正确认识与评估自我；依据自身个性和潜质选择适合的发展方向；合理分配和使用时间与精力；具有达成目标的持续行动力等。

电影里的素养解读

1. 切合实际，树立目标

“人生就像射箭，梦想就像箭靶子。如果连箭靶子也找不到的话，你每天拉弓有什么意义。”马皓文对儿子马飞这样说。年级倒数第一的马飞因为在课堂上偷看

武侠小说而被校长在大会上公开批评，随后校长让其退学，在其母亲和继父的恳求下校长说出只要马飞考进年级前十名，就可以不让其退学。这样的决定分明是让马飞家人知难而退。这时，静静站在门外的马飞的亲生父亲马皓文对校长说："马飞能做到。"放学后马皓文和儿子回到几年前的小屋，开始了他们的奋斗计划。

面对考进年级前十的目标，马飞哀求着告诉爸爸自己很笨，不可能做到的。马皓文告诉儿子是不是年级前十不重要，重要的是脑子是不是一直在转，他又问儿子长大要干什么，马飞很随意地说："清华北大啊！并且妈妈告诉我长大考不上清华北大就在楼下卖煎饼。"马皓文却告诉儿子截然不同的想法，考清华北大只是个过程，不是目的。人生就像射箭，而梦想就是箭靶。如果箭靶都找不到，成天拉弓毫无意义，这世界上有趣的工作多了去了，挑一个你最感兴趣的，就去想吧。马皓文的一番话让儿子幡然醒悟。马飞第一次觉得自己得到了肯定，在树立了真实可行的目标之后，马飞第一次有了想学习的冲动。

目标是一个人为之奋斗一生的动力。的确，当寒窗苦读的学子们一旦忘了当初为什么要"出发"，那么所做的一切就会变成一种机械行为，且这个"行为"一坚持就至少得 12 年，学习自然成了辛苦的事。树立目标，认识自我是对自己本身的反省和认识，如果不能很好地认识自己，成长的道路就会十分艰辛。学会自我认知是自我管理必经的第一步。

坚定目标，奋力向前

"家长怎么说固然重要，但更重要的是，让孩子看家长怎么做。"父亲用自己的实际行动告诉了儿子，也告诉了每一位观影者，教育孩子时，自己要先做出榜样。父亲勤奋、努力的精神无时无刻不在影响着儿子。孔子曰："己所不欲，勿施于人。"自我管理不仅指的是学生本身，同时更重要的是家长的自我管理和自控能力。"父母是孩子的第一任老师"，也是陪伴孩子时间最长的人。父母的一言一行都对孩子有着深远的影响。电影中儿子和父亲两个人都在为自己的事不断努力，马皓文重新找到了工作，马飞的成绩也在不断地进步。父亲要教给儿子的不仅仅是知识，还有思想、方法。尽管他面对着妻子的反对和不理解，以及生活困窘的压力，但这也阻挡不了父亲给儿子带来的对生活的热爱和积极。

马飞后来之所以能够从后进生变得如此优秀，父亲的鼓励是儿子的动力，父亲对自己的严格要求和积极乐观的心态深深地影响着儿子，这成了儿子努力朝目标奋进的持续行动力，使他一步步养成了自我管理、自我约束的能力。

2. 对“自我管理”素养的促进

自我管理是对自我的认知

自我管理是与自我的关系的管理，对自己的目标、思想、心理和行为等表现进行的管理，自己管理自己，自己约束自己，自己激励自己，最终实现自我奋斗目标的一个过程。

作为一名学生，要先认清自己。认清自己的爱好、性格、理想，明确自己想干什么。了解自己的优势和劣势，优点继续保持，缺点要及时纠正。接着是学会合理分配时间，高效学习，这样才会事半功倍，朝着自己的目标奋力前进。在追梦的路上也许会有许多困难和艰辛，但一定要坚定信念，勇往直前。

自我管理能力必修课

学会自我管理,是学生学习阶段的必修课。在学会管理之前首先要有思考能力。作为一名学生，要有自己的思想，要学会独立思考，要有自信。面对质疑，我们要相信自己。就如电影中马皓文对儿子马飞说过的话“不要别人说什么，就信什么”。要学会辨别是非。遇到困难，要迎难而上，行动起来，一点一点地去战胜它。电影中马飞需要从班级倒数第一考到了年级正数第一，这个目标多么艰巨，对于一般人而言需要面临多大的心理压力，但是他知道如何把目标分成小块，利用有效的时间一步一步地完成目标，所以困难并不可怕，可怕的是不会管理自己的学习和生活，导致困难的累积，计划失败。

观影前可以做的活动

- 做一件自己认为困难的事情。
- 让最好的朋友对你说这些话“你太笨了，你怎么什么都干不好？”等，感受一下听到这些话是什么样的感觉，然后互换角色，再交流各自的感受。
- 让身边的人来说一说你最闪亮突出的优点。

观影后可以做的活动

- 在家时多和父母交流，理解他们，用语言表达对爸爸妈妈的爱。
- 找一件自己最感兴趣的事，试着坚持一个月，比如练字，读一本喜欢的书。
- 用心感受身边的人、物和事，发现身边的美好。

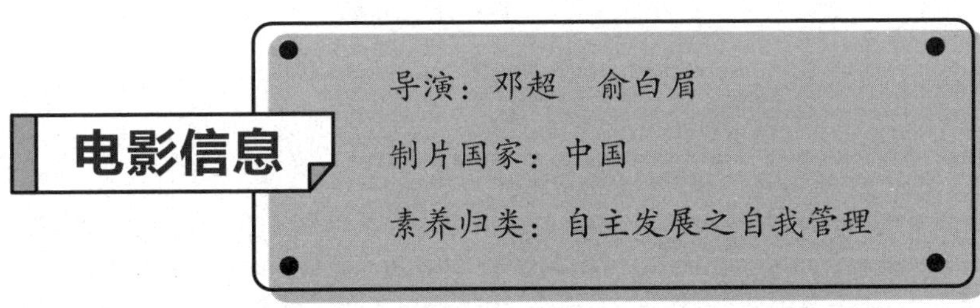

观影笔记

第三章 社会参与

社会性是人的本质属性。社会参与，重在强调能处理好自我与社会的关系，养成现代公民所必须遵守和履行的道德准则和行为规范，增强社会责任感，提升创新精神和实践能力，促进个人价值实现，推动社会发展进步，发展成为有理想信念、敢于担当的人。

1. 责任担当

主要是学生在处理与社会、国家、国际等关系方面所形成的情感态度、价值取向和行为方式。具体包括社会责任、国家认同、国际理解等基本要点。

2. 实践创新

主要是学生在日常活动、问题解决、适应挑战等方面所形成的实践能力、创新意识和行为表现。具体包括劳动意识、问题解决、技术运用等基本要点。

责任担当 社会责任

《中国机长》

（执笔人：楚研研　刘　渊）

电影主题

《中国机长》是一部具有中国特色的灾难片，把镜头聚焦于机组人员在面临危难时的精神品格和职业操守。影片从不同角度对“社会责任”进行了解答，危难时，机组成员凭借着仍在工作状态的极少仪器，艰难地进行手动驾驶。机长在结尾说出的话：“敬畏生命，敬畏职责，敬畏规章”，让影片主题得到升华。

- 敬畏生命，敬畏责任，敬畏规章。
- 请相信我们，我们受过专业的训练。有信心，有能力，保证您的安全。
- 从飞行员到乘务员，我们每一个人都经历了日复一日的训练，就是为了能保证大家的安全，这也是我们这些人为什么在这架飞机上的意义。
- 我们需要你们的信任，需要你们的配合，也需要你们给我们信心。大家不用担心，请把安全带系好。
- 请相信我们的机长，我们会一起回去。

相关素养

社会责任：自尊自律，文明礼貌，诚信友善，宽和待人；孝亲敬长，有感恩之心；热心公益和志愿服务，敬业奉献，具有团队意识和互助精神；能主动作为，履职尽责，对自我和他人负责；能明辨是非，具有规则与法治意识，积极履行公民义务，理性行使公民权利；崇尚自由平等，能维护社会公平正义；热爱并尊重自然，具有绿色生活方式和可持续发展理念及行动等。

电影里的素养解读

1. 敬畏职责，敬畏生命

《中国机长》是一部根据真实事件改编的灾难片，这部影片让我们从中感受到所有工作人员的社会责任感和使命感。机长刘传健无论是在空军部队，还是转业到地方民航，都对自己的工作兢兢业业。他在接受媒体采访时说："每一次飞行都要当作第一次飞行那样，认真检查飞机零部件，认真落实每个执飞程序。"这种认真与专业程度，让我们看到了不平凡源自平凡。凭借过硬的飞行技术和强大的心理素质，刘传健机长才能在危急时刻临危不乱，把100多名乘客安全带回地面。

正是因为机长担负着整个飞机上一百多条生命，一百多个家庭的责任，他才会在每次飞行前做好各项检查，"黑着一张脸"对待整组机务人员，每次飞行都不敢掉以轻心，就是为了能够把飞机上的所有人都安全带回地面。这样厚重的责任需要有强烈的社会责任感和使命感，它需要巨大的勇气、信念和一丝不苟的严谨。正是因为机长的勇于承担和强烈的使命感感染了其他机组人员，使得所有机组人员都尽心尽责，承担他们应当承担的责任，最终，齐心协力共同努力，才得以重回地面。

影片中，机组和乘务组工作人员体现出的专业素养，很好地诠释了什么是敬畏职责、敬畏生命。乘务长在慌乱时一心想着保证乘客安全，在呼吸困难情况下，还不断地通过广播器一遍遍安抚乘客情绪。其他乘务员在分发早餐时因为飞机失重和餐车一起飞起又跌落，为了不让餐车影响乘客，即使身体受伤她们也把餐车及时拉住。面对抽筋的乘客，乘务员帮他按摩放松，检查乘客是否系好安全带，自己却没有及时系上……危难来临之时，专业训练和职业素养让机组和乘务人员毫不犹豫地挺身而出，把乘客安全放在第一位。

2. 对“社会责任”素养的促进

“社会责任”就是培养责任心，身份不同，你需要承担的责任也不尽相同，但都要履职尽责，需要有团队意识，体现自身的价值。影片中不论是机长还是其他乘务人员，都有着强烈的社会责任感，面对困难和逆境，他们勇敢地站在人们的面前，冷静果断地做出一系列维护整个飞机乘客安全的动作，通过他们紧密地配合，互相之间的信任，能看到他们为乘客、为同组其他人员的付出，这就是社会责任。

成绩源于勤勉，责任重于泰山

各行有各行的职业操守和责任，教师承担教书育人的责任，医生承担救死扶伤的责任，清洁工承担美化环境的责任，消防员承担火中救人的责任，这不只是他们的责任，更是他们的专业。那么，飞行员承担什么责任呢？看了这部影片，我们能够了解到，机长不仅要把飞机开好、开稳，更要保证飞机上所有乘客的安全，乘务员不仅要服务好飞机上的乘客，更要保证他们安全上下飞机。乘客的安全是第一位，他们要对乘客的安全和生命负责任。这样的责任太重，重到整个机组的人每天都在接受训练，甚至连洗澡的时候都要练习闭气，以防止意外情况的发生；重到机长一直不苟言笑，“黑着脸”吃完早饭，做完飞机各项检查；重到机务人员在危险来临的时候首先想到的是乘客，而不是自己。

责任分摊，团队协作

影片虽然名为《中国机长》，但其实解救了全体乘客的不只是机长，而是整个机组的工作人员。飞机出现故障时，机长和副机长在驾驶舱稳住飞机，避免飞机撞山和坠落，乘务长和乘务人员稳住乘客焦躁不安的心，并尽可能地保证他们在飞机上的安全。最终，飞机平安落地，所有乘客安全返程，这是机组全体人员共同协作、责任分摊的结果，他们把乘客的安全和生命当作团队的责任，当作自己的责任，这才有了危难时，机组人员有条不紊地安排乘客系好安全带，戴好呼吸面罩，机长哪怕不能呼吸也要让飞机尽量平稳飞行，不卷入风暴，副机长哪怕半

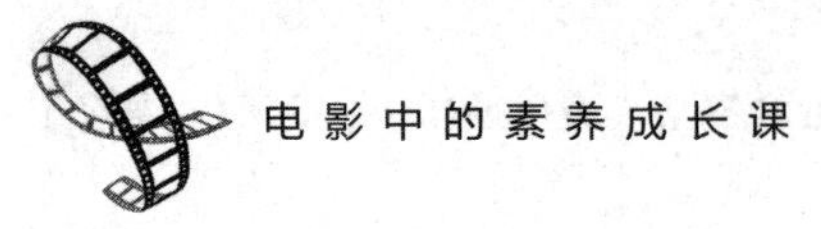

个身子飞出机外，也要尽量争取时间，不拖累机长。团队中，每个人尽到自己的职责，做好自己的工作，把责任分摊，才能收获最佳的结果。

观影前可以做的活动

- 观察我们身边各种各样的职业角色，他们的具体工作是什么？他们的责任是什么？

观影后可以做的活动

- 飞机为什么能够成功返回降落？有哪些工作人员履行了什么样的职责？
- 你以后想从事什么职业？能谈一谈你对这份职业的认识吗？
- 在班级中，当有集体活动时，你想要担当什么样的角色，承担什么样的责任？
- 在家庭中，当有出游或大扫除等活动时，你要承担哪些任务和责任？

电影信息

导演：刘伟强

制片国家：中国

素养归类：社会参与之社会责任

观影笔记

责任担当 国家认同

《厉害了，我的国》

（执笔人：柳媛媛）

电影主题

《厉害了，我的国》这部电影展示了在创新、协调、绿色、开放、共享的新发展理念下中国的伟大成就，展现了中国人民在全面建设小康征程上的伟大奋斗，彰显了以习近平同志为核心的党中央的正确领导，凝聚起全党全国人民的磅礴力量，为实现中华民族伟大复兴的中国梦不断前进。

经典台词

- 参与这个工程的时候，我四十八岁，今天我已经满六十岁了，在我们做这个工程的时候，国家突飞猛进地进步了，像梦一样地发展，在这里看到的是全球最好的装备，最好的工法，最好的工艺，也是最好的工程。
- 从五百元到现在的一万元，宁夏居民生活收入增加二十倍这个只有共产党能够做到，只有我们社会主义制度能够做到。
- 人民有信仰，民族才有希望，国家才有力量。
- 有一种速度叫中国救援，有一种感动叫祖国带你回家，有一种骄傲叫我是中国人，有一种幸运叫我是中国人，有一种幸福叫我是中国人！
- 任何时候危机来临，总有坚强的臂膀让人民依靠。

相关素养

国家认同：具有国家意识，了解国情历史，认同国民身份，能自觉捍卫国家主权、尊严和利益；具有文化自信，尊重中华民族的优秀文明成果，能传播弘扬中华优秀传统文化和社会主义先进文化；了解中国共产党的历史和光荣传统，具有热爱党、拥护党的意识和行动；理解、接受并自觉践行社会主义核心价值观，具有中国特色社会主义共同理想，有为实现中华民族伟大复兴中国梦而不懈奋斗的信念和行动。

电影里的素养解读

1. 如此之国没理由不强大

瞰祖国山河，万里晴空，红旗飘扬；看九州方圆，江河歌唱，遍地流芳。社会稳定，人民幸福，改革开放谱新章。从“中国天眼”“蛟龙”号到C919首飞、“蓝鲸2号”下水，从科技创新、绿色中国到圆梦工程。这部纪录片从一个多方位的视角展现了自党的十八大以来，我们在改革开放和社会主义现代化建设上取得的历史性成就。

影片先后介绍了中国桥、中国路、中国车、中国港、中国网等超级工程。如人类历史上最大的射电望远镜FAST、全球最大的海上钻井平台“蓝鲸2号”，这些工程基本上集聚了全球最顶尖的工艺和胆识，建设困难程度难以想象。片中展现震撼影像的同时也讲述了每个工程背后的故事，当南仁东教授24年磨一剑，强撑身体用沙哑的声音向观众讲述“天眼”作用时，让人不禁动容落泪。我们今天取得的成就也离不开每位中华儿女不畏艰险、埋头苦干的付出。正是有了这些才有了一个又一个的“中国奇迹”。

2. 对“国家认同”素养的促进

国家认同是指具有国家意识，了解国情历史，认同国民身份，能自觉捍卫国家主权、尊严和利益；具有文化自信，尊重中华民族的优秀文明成果，能传播弘扬中华优秀传统文化和社会主义先进文化；了解中国共产党的历史和光荣传统，具有热爱党、拥护党的意识和行动；理解、接受并自觉践行社会主义核心价值观，具有中国特色社会主义共同理想，有为实现中华民族伟大复兴中国梦而不懈奋斗的信念和行动。

影片记录了十八大以来，我党在科技发展、经济建设、技术攻关、国防建设、军事建设、绿色环保、脱贫攻坚、内政外交等方面取得的辉煌成就。

我骄傲我是中国人

影片中最让人深有感触的是“创新驱动”里讲到逆天的中国科技实力，从移动支付到共享单车，从“中国制造 2025”到物联网、大数据等新技术，从空天、海工领域到芯片等尖端领域，再到参与大科学计划，中国的创新动力源源不竭，创新人才不断涌现。这种创新让人自豪，让人惊呼！港珠澳大桥，创造的不仅仅是奇迹,其应用的技术真的可用巧夺天工来形容。我们的民族就是一个强大的民族！而不断创新前进也是我们中华民族的优秀传统文化。

厉害的国，自信之国

新时代中国人怀揣梦想、思维敏捷、朝气蓬勃、热爱祖国，对工作认真而又细致入微。“我的国”成就了“我的家”。一个时代有一个时代的主题，一代人有一代人的使命。“国家好，民族好，大家才会好。”荧幕上的讲述，唤起了每个中国人内在的自信，感受到了作为一个中国人内心的骄傲感和自豪感。国家是个人与家庭最大的“梦工场”，只有“厉害了我的国”才会“幸福了我的家”。

我们见证了影片中的真切发生的变化，见证了中国的强大，见证了中国发生的奇迹。而我们也将追随国家前进的脚步努力奋进，奋勇争先。

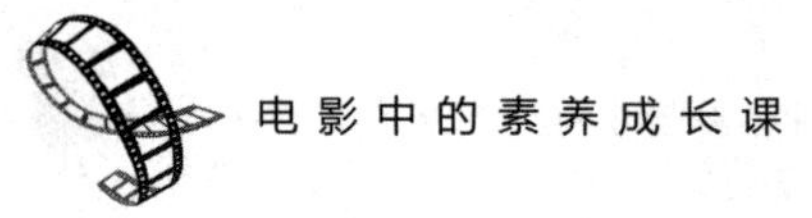

观影前可以做的活动

- 片名《厉害了，我的国》，我的国为何厉害了？了解中国近年科技发展史，从科技方面描述我们国家的厉害之处。
- 你是否了解宣传海报上的港珠澳大桥？其修建过程并非一帆风顺，了解并向别人讲述修建过程中所遇到的困难，以及这些困难又是如何解决的。
- 新中国成立之初阅兵时因为飞机不够，周总理指示飞机飞两次。观看新中国成立初期和近年中国阅兵视频资料，从中对比了解中国军事发展，对比后你有什么感悟？

观影后可以做的活动

- 中国科技发展是如此迅速，港珠澳大桥、天眼、航天方面、海事方面，这么多领域你最感兴趣的是哪一个？画出你最喜爱的科技项目。
- 港珠澳大桥建成、天眼完成过程困难重重，但是都被我们的前辈所克服，并发展到了本领域的新高度。如果你在做某事时遇到困难你该怎么办？

电影信息

导演：卫铁

制片地区：中国

素养归类：社会参与之国家认同

观影笔记

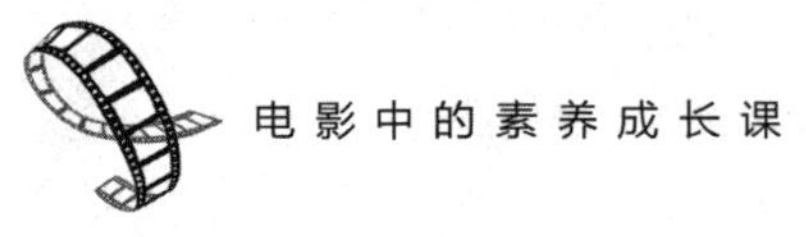

责任担当 国际理解

《红海行动》

（执笔人：赵 亚）

电影主题

《红海行动》这部影片体现出了中国军人的英雄气概与大国崛起的精神气度，把中国军事题材影片推向新的高度。故事展开过程中，并未回避战争的残酷，从而更加彰显了中国政府维护国家和公民海外权益的意志和能力，让观众强烈感受到一个负责任的大国守护世界和平的决心。影片不仅体现出近年来中国军队的发展和强大，更凸显了中国军人热爱和平、不惧牺牲的英雄气概和国际人道主义精神，彰显了国家利益、国家精神、国家形象和国家荣光。

- 无论你在世界上任何一个地方，你的安全都是我们海军的责任！
- 我们这次行动的决心，就是让恐怖组织知道，一个中国人都不能伤害。
- 我们的存在，就是为了保卫国家，守护人民，我们义不容辞。
- 当你一个人在外面漂泊，无依无靠，经历了千辛万苦终于回家，看到家门的那一刻，就觉得充满了安全感。
- 世界并不和平，还有些地方的人民深陷在战争的水深火热之中，你能够在霓虹灯下欢声笑语，尽情释放自己，只不过是有人在替你负重前行。

国际理解：具有全球意识和开放的心态，了解人类文明进程和世界发展动态；能尊重世界多元文化的多样性和差异性，积极参与跨文化交流；关注人类面临的全球性挑战，理解人类命运共同体的内涵与价值等。

电影里的素养解读

1. 英雄无畏

红海行动讲述了中国海军“蛟龙突击队”8人小组奉命执行撤侨任务，突击队兵分两路进行救援，但不幸遭遇伏击，在粉碎叛军武装分子的阴谋中险胜的故事。这部电影真实还原了当时也门撤侨的历史情景，更让我们了解了当代中国军人的“勇者无畏，强者无敌”的真实形象！

《红海行动》没有过多的语言，用手势代替交流，用眼神代替支持，用拳头代替信任，干净利落地展现出军人的冷冽和柔情。战场上的群狼都是用行动证明一切。影片中的中国军人从不主动挑起战争，他们同样反对战争，因为军人的职责在于守护，当自己的国家受到威胁时他们才会露出凶狠的狼牙。有些人，他们身在边关或者境外，经历着枪林弹雨，他们放弃了安逸，把自己扔进了危险之中，为了他们身后人民的安逸，他们相信在人们心中，英雄永存。

2. 对“国际理解”素养的促进

国际理解的前提是民族情怀和民族精神，民族精神是反映在长期的历史进程和积淀中形成的民族意识、民族文化、民族习俗、民族性格、民族信仰、民族宗教，民族价值观念和价值追求等共同特质，是指民族传统文化中维系、协调、指导、推动民族生存和发展的精粹思想，是一个民族生命力、创造力和凝聚力的集中体现，是一个民族赖以生存、共同生活、共同发展的核心和灵魂。

心向和平的中国

《红海行动》其实有两个行动，一个是撤侨，一个是与恐怖组织做斗争。影片中，我国军队在执行任务的过程中，不仅仅只是营救同胞，对于困在战争中的每一个人，无论是不是中国人，我国军人都会保护他们的安全。这一方面是维护海外中国公民的安全和正当权益，另一方面是中国作为世界大国的担当。

影片也展示了中国在国际上的地位坚不可破，另外也折射出国与国之间相互理解、相互包容是多么重要，多一些理解，多一些包容，多一些退让，会减少很多不必要的冲突，也会减少很多不必要的牺牲，更重要的是可以促进国际交流和发展，维护世界和平。

在世界舞台展现中国军人的使命担当

中国进入新时代，最重要的标志之一是中国日益走近国际舞台中心。走近国际舞台中心，意味着中国军人既要担负保卫祖国的责任，又要担负起“构建人类命运共同体”的任务。“构建人类命运共同体”这一重要理念目前已被写入联合国文件，成为人类共同遵守的原则，影片《红海行动》就很好地体现了在世界舞台上中国军人的使命担当。

电影《红海行动》取材于中国海军海外武装撤侨任务的真实案例，尽管片中发生战乱的国名和恐怖组织的名称都做了虚构处理，但丝毫没有影响其震撼的真实感，充分展现了人民海军主动承担国际义务、勇于牺牲的大无畏精神，折射了国家、军队精神层面的自信与强大。

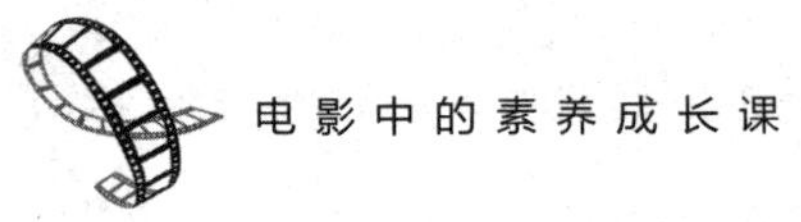

观影前可以做的活动

- 作为学生，我们可以为国际和平和国际理解做出哪些努力？
- 参观历史博物馆和战争遗址，了解中国的历史文明进程以及中国军队发展和壮大的过程。

观影后可以做的活动

- 查阅资料，了解什么是人类命运共同体，它对世界的发展有什么意义。
- 在你心中影片中谁的行为震撼了你？
- 你长大后想成为什么样的人呢？
- 你心目中的英雄是什么样子的？

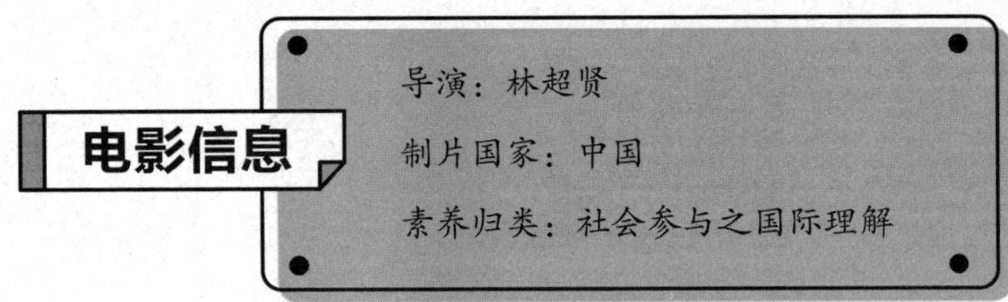

电影信息

导演：林超贤

制片国家：中国

素养归类：社会参与之国际理解

观影笔记

实践创新 劳动意识

《青春雷锋》

（执笔人：马　爽）

电影主题

《青春雷锋》这部影片讲述了1956年的湖南望城，一心想为祖国多做贡献刚满十六岁的雷锋的平凡成长经历。通过他在各种岗位上发生的事展现雷锋“感恩社会、热爱生活、自强不息、奋发向上、热爱劳动”的人物形象。

- 无论到哪儿工作，都是在革命的大家庭里，要当好一颗螺丝钉。
- 遇事要多动脑筋。
- 如果你是一滴水，你是否滋润了一片土地。
  如果你是一线阳光，你是否照亮了一分黑暗。
  如果你是一颗粮食，你是否哺育了有用的生命。
- 一屋不扫，何以扫天下。
- 人的缺点就像煤里的黄土，我们作为一个劳动者，要及时发现自己的缺点。

相关素养

劳动意识：尊重劳动，具有积极的劳动态度和良好的劳动习惯；具有动手操作能力，掌握一定的劳动技能；在主动参加的家务劳动、生产劳动、公益活动和社会实践中，具有改进和创新劳动方式、提高劳动效率的意识；具有通过诚实合法劳动创造成功生活的意识和行动等。

电影里的素养解读

1. 无论到哪儿工作，都是在革命的大家庭里，要当好一颗螺丝钉

执念是一个人做事的态度。执着于自己内心最深处的感觉，默默地不曾放弃，

不曾改变。

雷锋，原名雷正兴，把“正兴”改为“锋”，意味着向前冲。雷锋一心想要当一名炼钢厂的工人，虽然个子矮，力气小，但凭着一股遇到困难便解决困难，哪里不会就在哪里下功夫的憨劲儿，一步步成就了自己的人生。在鞍钢厂，主任要求雷锋开推土机，他不开心，也不愿意，他一心想炼钢，执念如此。他的心不在推土机上，开也开不好，师傅说:“如果不想开，就不要浪费国家的资源。”这句话让雷锋清醒过来了，他想为国家做贡献，一心想炼钢，可是他却忘记了，不是只有身处在第一位才是为国家做贡献，就像一颗小小的螺丝钉，如果没有它，拖拉机可能就不会正常运作。之后，雷锋便半夜练车，成为厂里的推土机手第一人；在部队，扔手榴弹扔不远，便深夜练习，成为模范标兵。在别人异样的眼光与不解的包围中，他从来没有想过“我应该和别人一样”，他从来没有怀疑过，渺小的个人对整个庞大的国家有何意义？就这么一直执着于内心，一心为国家做贡献，跟随自己的心，坚定地做着自己认定的事情。

雷锋之迷茫

迷茫是每个人成长必经的一个阶段，这个阶段是内在自我与社会自我的协调与融合。

影片中，雷锋一心想去炼钢厂当炼钢工人，可是主任却让他开推煤车，他不高兴，有意见，乔安山的话点醒了他，“开推煤车是洗煤炼焦，炼焦就是为了炼钢，焦炭的质量直接影响钢的质量，像你这样下去，得毁掉国家多少钢材？”他意识到自己的错误，写信给张书记。张书记说:“不管干什么，都得要认真，要努力。”“不是说我有多勤俭，多高尚，我只是觉得，每样东西都有它自己的价值，你和我，都是这机器里的一根螺丝啊！”

在其位谋其政,任其职尽其责。我们每个人都是社会这个大家庭的一颗螺丝钉，尽职尽责，像雷锋一样，在我们的岗位上绽放光彩。

2. 对“劳动意识”素养的促进

劳动素养是指劳动者在劳动过程与之相匹配的劳动心态和劳动技能的综合概括，是衡量劳动者能否完成某对应性工作的最根本、最直接的工作能力指标。电影中的雷锋无论在哪个岗位上都能去很好地完成自己的工作，具有非常高的劳动素养。

学科核心素养下的劳动意识是尊重劳动，具有积极的劳动态度和良好的劳动习惯；具有动手操作能力，掌握一定的劳动技能；在主动参加的家务劳动、生产劳动、公益活动和社会实践中，具有改进和创新劳动方式、提高劳动效率的意识；具有通过诚实合法劳动创造成功生活的意识和行动等。

尊重劳动

劳动是伟大的，是光荣的。没有劳动，就没有我们这个丰富多彩的世界。有耕耘就有收获，有劳动就有成果。任何一种劳动都应受到尊重。

“劳动是快乐的”。这是雷锋经常挂在嘴边的一句话。影片里的雷锋，一直在劳动，帮家里人干活，在炼钢厂里除了做自己的工作也帮助别人，在火车上为整个车厢上的人倒水，帮助老人放东西，无时无刻不在劳动。他用自己的双手在工作过的每一个岗位上都谱写下属于自己的辉煌。大家都非常尊重，非常肯定他。同样，雷锋尊重张书记，尊重乔安山，尊重别人的劳动。

积极的劳动态度

雷锋说:“劳动使人快乐”。看到下雨，他会主动拿棉被盖炼钢所需的材料；看到河口决堤，他会担心农作物的收成积极去叫人拯救；看到需要帮助的人会积极帮助别人……雷锋具有非常积极的劳动态度，这种正能量鼓舞激励着我们。

观影前可以做的活动

- 与父母一起搜集关于雷锋的图片、文字、影像资料。与同学们相互交流分享。
- 讲一讲你所知道的关于雷锋的故事，你是在什么情况下听到这个故事的？
- 学唱歌曲《学习雷锋好榜样》。
- 记录一次自己劳动的经历。做了什么劳动？为什么去做？劳动之后有什么感想？

观影后可以做的活动

- 当一名“小小志愿者”——帮助清理户外小广告、擦洗人行道栏杆、清除白色垃圾、清扫垃圾死角等。
- 电影中雷锋的事迹会影响你今后的学习生活吗？你准备如何去落实？
- 看到影片中雷锋十几年如一日地劳动，你的想法是什么？
- 如果社会没有主动劳动的人，将会变成什么样子？

电影信息

导演：刘一君

制片国家：中国

素养归类：社会参与之劳动意识

观影笔记

实践创新 问题解决

《鸡毛信》

（执笔人：任夏羽　朱　迪）

电影主题

电影《鸡毛信》主要讲述了在抗日战争时期，华北地区抗日革命根据地龙门村儿童团团长海娃奉民兵中队长（父亲）之命给八路军送鸡毛信的路途中，与敌人斗智斗勇，最终将信成功送达的革命故事。

- 对了，不能睡觉！得出去，得想办法出去。
- 可累坏我了，鸡毛信啊，这下可算把你送到了！
- 爸，我说送得到，准送得到，你等着瞧吧！
- 谁跑了？我可没有跑，是羊圈里的羊跑了，我是追羊来的！

相关素养

问题解决：善于发现和提出问题，有解决问题的兴趣和热情；能依据特定情境和具体条件，选择制订合理的解决方案；具有在复杂环境中行动的能力等。

电影里的素养解读

1. 临危受命，踏上征程

《鸡毛信》这部电影是上海电影制片厂摄制的一部抗战题材的故事片。影片是中华人民共和国成立后第一部反映中国少年儿童在抗日战争时期对敌斗争的儿童影片，也是中国第一部获国际大奖的儿童影片。

片中，儿童团团长海娃，在接受了民兵中队长（父亲）的紧急任务后，拿着鞭子赶着一群羊，毫不犹豫地踏上了征程。经过几番曲折和跋涉，克服了重重困难，最后终于把信送到了八路军张连长手中。按照鸡毛信中作战的时间、路线，八路军与民兵一举炸毁了敌人的炮楼，夺回了被敌人抢走的粮食、物资，还活捉了敌人的头头“猫眼司令”，为百姓除了害。

临危不惧，运用智慧解决困难

送信途中，一出山谷，就遇到了“小胡子”带队的大批日本兵，面对面碰到敌人，无法躲避，可是海娃身上还带着鸡毛信，可怎么办呢？焦急的海娃抓耳挠腮，他望了望四周：换一条路？可是周围都是悬崖峭壁，爬不上去，而且还有羊群。把信藏在裤腿里？可是一走路就会掉出来。怎么办才好呢？眼看敌人就要上山了，这个时候海娃看到了羊群灵机一动，羊尾巴又大毛又多，把信藏在羊尾巴下面！就这样，聪明的海娃安全渡过了第一道难关。

智慧是问题解决的一个重要因素，历来的影视和文学作品不乏对这类形象的塑造，海娃在遇到危急情况时，也会慌张，但他的聪明之处就是在危急时刻能够利用自己的智慧化险为夷。送信途中遇到的种种困难，面对日本兵和伪军的逼问，他没有与敌人正面对抗，因为他知道凭借自己的力量无法战胜敌人，而只能运用智慧与敌人周旋，所有的一切都是为了解决最终难题——把鸡毛信安全送达。所以他“满嘴瞎话”，对待敌人的盘问不是装傻充愣就是随意蒙混，可偏偏“瞎话”又十分使人信服。

勇敢无畏，自古英雄出少年

整部影片着重刻画了在送信过程中爱动脑筋，善用智慧的海娃这一形象，但其中必不可少的还有勇敢、热血、敢于和敌人作斗争的小英雄形象。当海娃被敌人抓住难以脱身时，面对一屋子横七竖八的敌人，小海娃没有选择退缩，而是勇敢地迈出去，趁敌人睡熟的时候，他轻轻地、一步一步地挪动，满头大汗也顾不得擦，终于逃出了敌人的魔掌。他激动得边跑边跳，可是由于粗心大意，竟然把信弄丢了。

这时海娃勇敢地原路返回找信。最后当海娃抄近路想要甩掉敌人时,虽然中枪受伤，但他依然没有停下来，为了完成任务，为了消灭敌人，就算负伤也要勇敢前进。

2. 对“问题解决”素养的促进

问题解决作为核心素养 18 个基本点之一，要求学生善于发现和提出问题，有解决问题的兴趣和热情；能依据特定情境和具体条件，选择制订合理的解决方案；具有在复杂环境中行动的能力，是适应个人终身发展和社会发展需要的必备品格和关键能力。

影片中，海娃在遇到突发问题，身边没有能帮助他的人时，能够根据自身所处的环境，充分利用特定的具体事物，去找出解决问题的方法。

日常生活中，我们也会遇到一个又一个的困难与问题，有时会习惯性地寻求他人的帮助，久而久之，缺少思考能力，难免会养成依赖他人的习惯。

电影中的主人公小海娃教给我们的，不仅有敢于面对困难的勇气，更重要的是在面对困难和问题时，该用一种怎样的方式去解决问题：利用特定环境、利用周围一切可利用之物、依据不同的情境来制定不同的方案，当我们遇到问题时，首先想到的应该是我该怎样去合理地运用身边可以用到的东西，怎样去利用周围的环境去更好地将这一问题解决，而不是把期望都放在他人身上。

观影前可以做的活动

- 你知道什么是“鸡毛信”吗？找找相关背景。
- 送一次信，体会送信的过程。
- 上网搜索资料，了解抗日战争时期的英雄故事。

观影后可以做的活动

- 你认为海娃能成功完成任务的原因是什么？
- 如果你是海娃，在遇到这些困难的时候你会怎么做？试着和同学们之间互相交流讨论，比一比谁的方法更好。

电影信息

导演：石挥

制片国家：中国

素养归类：社会参与之问题解决

观影笔记

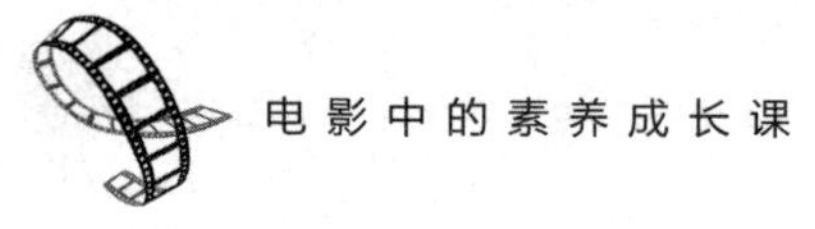

实践创新 技术运用

《港珠澳大桥》

（执笔人：刁明明　王　莉）

电影主题

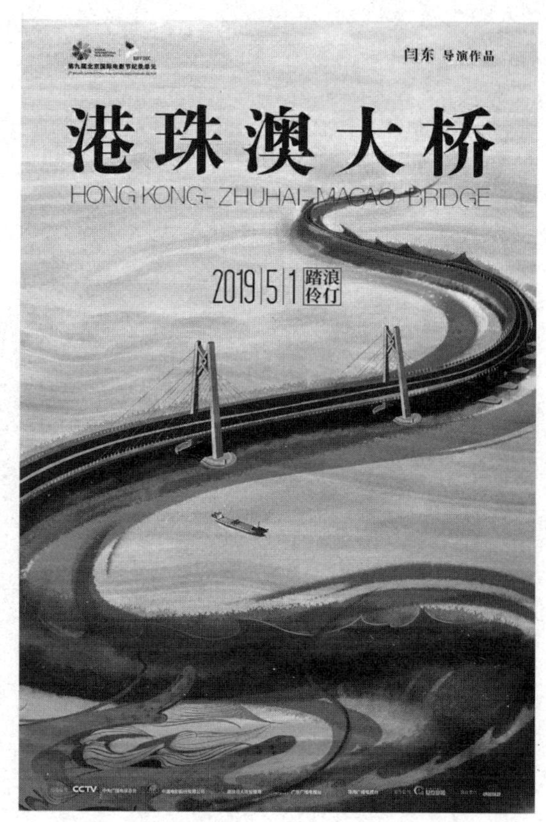

港珠澳大桥，是世界上最长的跨海大桥，世界顶尖级的世纪工程，一张联通世界的“中国名片”。

纪录片《港珠澳大桥》正是以港珠澳大桥建设过程中最后一节沉管E30号安装过程为叙述主线，展示了大桥项目涉及地质、水文、环境、防风以及满足通航、海事、航空限高等复杂的建设难题，将大桥主体工程桥、人工岛、隧道三大部分的设计理念和世界领先的关键技术如万花筒般呈现出来。

港珠澳大桥工程历经5年规划、9

年建设，前后历时 14 年，总长约 55 千米，开通后驾车从香港到珠海、澳门仅需 30 分钟。大桥的建设者孤岛筑梦、经年奋战的峥嵘岁月载入了港珠澳大桥建设的史册，举世瞩目的大国工程闪耀在伶仃洋上。中国桥梁技术的革新与进步使得“中国制造”走向“中国创造”，缩短了各地间的距离，更拉近了内地人民与港澳同胞的心灵距离。

- 时光飞逝，改革开放 40 年来，工程技术迅猛发展，中国，已成为世界第一桥梁大国。
- 港珠澳大桥的设计使用寿命采用 120 年的国际标准，这让中国从一个桥梁大国走向了桥梁强国。
- 21 世纪初，到今天来说，世界桥梁建设的重心和技术的重心在中国了。
- 世界最长的跨海大桥，横跨伶仃洋，它像一条腾飞的巨龙，将中国人的信心和梦想点燃。

相关素养

技术运用：理解技术与人类文明的有机联系，具有学习掌握技术的兴趣和意愿；具有工程思维，能将创意和方案转化为有形物品或对已有物品进行改进与优化等。

电影里的素养解读

1.“新世界七大奇迹”之一的超级工程

历经5年规划、9年建设，前后历时14年，总长约55千米的港珠澳大桥，跨越伶仃洋，东接香港，西接广东珠海和澳门，是世界最长的跨海大桥，也是粤港澳三地首次合作共建的超大型跨海交通工程。这项被誉为“新世界七大奇迹”之一的超级工程，作为中国建设史上里程最长、投资最多、施工难度最大的跨海桥梁项目，为港珠澳经济一体化、未来经济超常规发展奠定了良好的基础设施硬件条件。

尊重自然　内心柔软　信念坚定

影片记录了两次沉放E15号沉管均以失败告终，岛隧工程总工程师林鸣红着眼眶说出了决定，“我们可能需要撤回去了”。工程师们默默流下了遗憾和无奈的眼泪，一双双通红的双眼告诉了我们，他们曾为之倾尽心血，但仍敌不过自然的规律与结构。工程师们通过精密的计算，做好了看似万无一失的准备工作。但是大家心里都很清楚，在实际的沉放过程中总会出现各种未知的难题。整个沉放过程中，大家的心也都随着下放的深度起伏着。这样的状态持续至2018年3月7日，上午9点，经过近26个小时的拼搏，港珠澳大桥最后一节沉管E30成功对接，6.7公里的深海沉管隧道实现了历史性的海底跨越。这是一群技术过硬、内心柔软的中国工程师完成的一个人类壮举。

影片中还记录了一段工程师们救助并与中华白海豚和谐共处的温馨画面，港珠澳大桥施工海域恰好穿过中华白海豚自然保护区，这种珍稀动物是香港回归祖国的吉祥物。港珠澳大桥开工前，工程师们立下了誓言，大桥通车，白海豚不搬家。检测结果表明，至大桥竣工，依然有大约1890头中华白海豚欢快地栖息在港珠澳

大桥周边海域。可见，在人与自然的相处中，中国人的哲学总是尊重自然，顺势而为。

中国人建桥的风格，除了硬邦邦的土木工程技术以外，还带很多艺术，包括一些心理的寄托，所以每一座桥，中国人会给它很多文化的内涵。这座沟通三地的跨海大桥，不但承担着物理空间上的沟通作用，更承担着文化意义上的沟通作用。正如那位于青州航道桥的中国结造型索塔——“中国结 三地同心”。每一辆从这里驶过的车，每一架从这上空飞过的飞机，都可以看到屹立于海天之间的三地同心的坚定信心与永恒信念。

2. 对“技术运用”素养的促进

技术的革新体现着人类文明的进步，港珠澳大桥为港珠澳经济一体化、未来经济超常规发展奠定了良好的基础设施硬件条件。因此，新一代的年轻人更要勇担“中国制造”走向“中国创造”科技创新重任，提高技术意识，提升技术运用素养。

技术意识是指对技术现象及技术问题的感知与体悟，能形成对人工世界和人技关系的基本观念，技术的规范、标准与专利意识；能把握技术的基本性质，理解技术与人类文明的有机联系，形成对技术文化的理解与主动适应。技术运用素养的提升是指在日常生活中与时俱进，积极探索发现与生活紧密相关的技术并具有学习掌握技术的兴趣和意愿。能将创意和方案转化为有形物品或对已有物品进行改进与优化等，在应对各种挑战的时候，有一定的实践能力。

影片最震撼人心的地方，是工程师们将建桥作为一生的事业，聚焦科学思维，精准把握科学技术，集结智慧攻坚。整个建设过程，最让人印象深刻的是工程师们对基本科学原理和技术的精准把握与灵活运用，在一个又一个未知的难题面前临危不惧，转换思维，革新技术，完成一项又一项的技术突破。

影片中记录牛头岛原本是伶仃洋上一个无人居住的荒岛，工程师们将这里改造成了世界上最大的沉管隧道制造工厂，为大桥生产世界上最长的海底沉管隧道。大部分沉管长 180 米，宽 38 米，相当于 16 个篮球场的面积，重量接近 8 万吨，几乎是一艘大型航空母舰的排水量。33 根沉管，将消耗 33 万吨钢筋和 100 多万方混凝土，这些材料足以建造 8 座 828 米高的哈利法塔（迪拜塔）。中国工程师们充分利用得天独厚的自然环境，发挥其最大价值。

工程师们希望把交通行业的土木工程推向一个制造业的高度，为了满足港珠澳大桥的标准，研发了机器人焊接系统，这让拥有百年历史的老字号一举拥有了世界上规模最大的、焊接精度最高的钢箱梁自动化生产线。针对海底隧道突发灾难性事件的应急性预案，国际上一直缺乏科学依据，但是中国工程师们不畏艰难，经过两年多的试验，将海底隧道灾难性事件的救援逃生等问题形成了中国标准，获得国际认可。

中国工程师们充分利用得天独厚的自然环境，发挥其最大价值，将无人居住的荒岛改造成了世界上最大的沉管隧道制造工厂。研发机器人焊接系统，将专业水准做到极致。不畏艰难，进行技术试验形成中国标准。中国工程师过硬的专业技术和极强的物化能力，使得中国成为世界桥梁建设强国。

观影前可以做的活动

- 通过观看纪录片或者搜集资料，了解世界桥梁建设发展史，理解中国桥梁技术发展的迅猛与革新。
- 通过查阅资料了解香港、珠海、澳门三地的重要地域关系，感知港珠澳大桥建成的现实意义。

观影后可以做的活动

- 条件允许的话，实地参观港珠澳大桥。
- 你对工程师们有什么想说的吗？请你给工程师们写一封信。
- 看到影片中林总和工程师们流下遗憾、无奈的眼泪，你有什么感受？
- 当被救助的中华白海豚自由欢快地跳跃于大海的怀抱，你想对工程师们说什么？

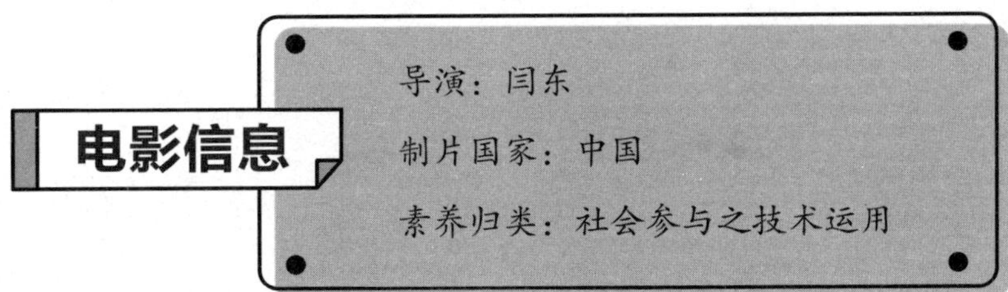

电影信息

导演：闫东

制片国家：中国

素养归类：社会参与之技术运用

观影笔记

附录　中国学生发展核心素养

学生发展核心素养，主要指学生应具备的，能够适应终身发展和社会发展需要的必备品格和关键能力。研究学生发展核心素养是落实立德树人根本任务的一项重要举措，也是适应世界教育改革发展趋势、提升我国教育国际竞争力的迫切需要。

背景

为把党的十八大和十八届三中全会提出的关于立德树人的要求落到实处，2014 年教育部研制印发《关于全面深化课程改革落实立德树人根本任务的意见》，提出“教育部将组织研究提出各学段学生发展核心素养体系，明确学生应具备的适应终身发展和社会发展需要的必备品格和关键能力”。

价值定位

核心素养是党的教育方针的具体化，是连接宏观教育理念、培养目标与具体教育教学实践的中间环节。党的教育方针通过核心素养这一桥梁，可以转化为教育教学实践可用的、教育工作者易于理解的具体要求，明确学生应具备的必备品格和关键能力，从中观层面深入回答“立什么德、树什么人”的根本问题，引领课程改革和育人模式变革。

基本原则

第一，坚持科学性。紧紧围绕立德树人的根本要求，坚持以人为本，遵循学生身心发展规律与教育规律，将科学的理念和方法贯穿研究工作全过程，重视理论支撑和实证依据，确保研究过程严谨规范。

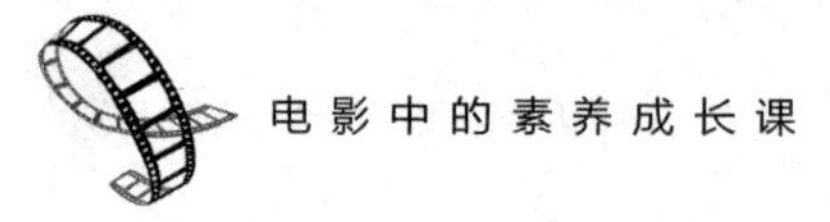

第二，注重时代性。充分反映新时期经济社会发展对人才培养的新要求，全面体现先进的教育思想和教育理念，确保研究成果与时俱进、具有前瞻性。

第三，强化民族性。着重强调中华优秀传统文化的传承与发展，把核心素养研究植根于中华民族的文化历史土壤，系统落实社会主义核心价值观的基本要求，突出强调社会责任和国家认同，充分体现民族特点，确保立足中国国情、具有中国特色。

总体框架

2016年9月13日上午，中国学生发展核心素养研究成果发布会在北京师范大学举行。

中国学生发展核心素养以培养“全面发展的人”为核心，分为文化基础、自主发展、社会参与3个方面，综合表现为人文底蕴、科学精神、学会学习、健康生活、责任担当、实践创新等六大素养，具体细化为国家认同等18个基本要点。各素养之间相互联系、相互补充、相互促进，在不同情境中整体发挥作用。为方便实践应用，将六大素养进一步细化为18个基本要点，并对其主要表现进行了描述。根据这一总体框架，可针对学生年龄特点进一步提出各学段学生的具体表现要求。

主要表现

文化基础

人文底蕴

人文积淀：具有古今中外人文领域基本知识和成果的积累；能理解和掌握人文思想中所蕴含的认识方法和实践方法等。

人文情怀：具有以人为本的意识，尊重、维护人的尊严和价值；能关切人的生存、发展和幸福等。

审美情趣：具有艺术知识、技能与方法的积累；能理解和尊重文化艺术的多样性，具有发现、感知、欣赏、评价美的意识和基本能力；具有健康的审美价值取向；具有艺术表达和创意表现的兴趣和意识，能在生活中拓展和升华美等。

科学精神

理性思维：崇尚真知，能理解和掌握基本的科学原理和方法；尊重事实和证据，有实证意识和严谨的求知态度；逻辑清晰，能运用科学的思维方式认识事物、解决问题、指导行为等。

批判质疑：具有问题意识；能独立思考、独立判断；思维缜密，能多角度、辩证地分析问题，做出选择和决定等。

勇于探究：具有好奇心和想象力；能不畏困难，有坚持不懈的探索精神；能大胆尝试，积极寻求有效的问题解决方法等。

自主发展

学会学习

乐学善学：能正确认识和理解学习的价值，具有积极的学习态度和浓厚的学习兴趣；能养成良好的学习习惯，掌握适合自身的学习方法；能自主学习，具有终身学习的意识和能力等。

勤于反思：具有对自己的学习状态进行审视的意识和习惯，善于总结经验；能够根据不同情境和自身实际，选择或调整学习策略和方法等。

信息意识：能自觉、有效地获取、评估、鉴别、使用信息；具有数字化生存能力，主动适应“互联网+”等社会信息化发展趋势；具有网络伦理道德与信息安全意识等。

健康生活

珍爱生命：理解生命意义和人生价值；具有安全意识与自我保护能力；掌握适合自身的运动方法和技能，养成健康文明的行为习惯和生活方式等。

健全人格：具有积极的心理品质，自信自爱，坚韧乐观；有自制力，能调节和管理自己的情绪，具有抗挫折能力等。

自我管理：能正确认识与评估自我；依据自身个性和潜质选择适合的发展方向；合理分配和使用时间与精力；具有达成目标的持续行动力等。

社会参与

责任担当

社会责任：自尊自律，文明礼貌，诚信友善，宽和待人；孝亲敬长，有感恩之心；热心公益和志愿服务，敬业奉献，具有团队意识和互助精神；能主动作为，履职尽责，对自我和他人负责；能明辨是非，具有规则与法治意识，积极履行公民义务，理性行使公民权利；崇尚自由平等，能维护社会公平正义；热爱并尊重自然，具有绿色生活方式和可持续发展理念及行动等。

国家认同：具有国家意识，了解国情历史，认同国民身份，能自觉捍卫国家主权、尊严和利益；具有文化自信，尊重中华民族的优秀文明成果，能传播弘扬中华优秀传统文化和社会主义先进文化；了解中国共产党的历史和光荣传统，具有热爱党、拥护党的意识和行动；理解、接受并自觉践行社会主义核心价值观，具有中国特色社会主义共同理想，有为实现中华民族伟大复兴中国梦而不懈奋斗的信念和行动。

国际理解：具有全球意识和开放的心态，了解人类文明进程和世界发展动态；能尊重世界多元文化的多样性和差异性，积极参与跨文化交流；关注人类面临的全球性挑战，理解人类命运共同体的内涵与价值等。

实践创新

劳动意识：尊重劳动，具有积极的劳动态度和良好的劳动习惯；具有动手操作能力，掌握一定的劳动技能；在主动参加的家务劳动、生产劳动、公益活动和社会实践中，具有改进和创新劳动方式、提高劳动效率的意识；具有通过诚实合法劳动创造成功生活的意识和行动等。

问题解决：善于发现和提出问题，有解决问题的兴趣和热情；能依据特定情境和具体条件，选择制订合理的解决方案；具有在复杂环境中行动的能力等。

技术运用：理解技术与人类文明的有机联系，具有学习掌握技术的兴趣和意愿；具有工程思维，能将创意和方案转化为有形物品或对已有物品进行改进与优化等。